CORDULA NUSSBAUM

Familien-Alltag sicher im Griff

So meistern Sie das tägliche Chaos gelassen und souverän

Inhalt

Personal-Management – Miteinander besser klarkommen

Trouble-shooting – Die Betriebsfeuerwehr im Einsatz

Vorwort

Liebe Leserin, lieber Leser,

das Leben in einer Familie ist unberechenbar. Immer wieder wird Ihr Tagesablauf auf den Kopf gestellt, und es ist ungeheuer viel Organisationstalent gefragt, damit Sie alles schaffen, was Sie schaffen wollen. Sie leiten einen erfolgreichen Familienbetrieb und was liegt da näher, als sich die gleichen Kniffe anzueignen, mit denen Manager ihre Wirtschaftsunternehmen führen? Im ersten Kapitel bestimmen Sie deshalb Ihre Ziele. Das zweite Kapitel zeigt Ihnen Schritt für Schritt, wie Sie auf clevere Weise wertvolle Stunden für sich und Ihre Familie gewinnen, damit Sie *jetzt* Ihr Leben genießen können. Lernen Sie im dritten Kapitel Ihre Wünsche und Ziele so mitzuteilen, dass Sie echte Unterstützung ernten. Und holen Sie sich im vierten Kapitel Survival-Tipps – von »Aufschieberitis« bis »Weihnachten«.

Ich wünsche Ihnen viel Spaß beim Lesen, viel Inspiration, Erfolgserlebnisse und die Erkenntnis: Auch das Unberechenbare kommt berechenbar regelmäßig.

Herzlichst Ihre Cordula Nussbaum

1 Unternehmen »Familie« – Sie sind der Boss

→ Einen Haushalt zu organisieren erfordert die Führungsqualitäten eines Unternehmenschefs. Höchste Zeit also, auch wie ein Boss zu denken und sich klar zu machen: Was sind meine Ziele und die Ziele meines Unternehmens, und welche inneren Widersacher arbeiten im Alltag gegen mich?

Topmanager
unseres Lebens

Wie kommt es, dass wir immer glauben, zu wenig Zeit zu haben? Rechnerisch gesehen hat jeder Mensch 24 Stunden am Tag zur Verfügung, mit denen er im Grunde genommen machen kann, was er will. Zeit ist das einzige Gut auf der Welt, das gerecht verteilt ist. Doch Zeit ist auch unser wertvollstes Gut – einmal ausgegeben, kann sie uns niemand mehr zurückgeben, und wir können auch keine Zeit zusätzlich verdienen. Jede gelebte Minute ist unwiderruflich vorbei.

Weil Zeit knapp ist, wollen wir sie so gut wie möglich nutzen. Am liebsten, so zeigen Umfragen, für uns selbst, für die Familie und für schöne Freizeitaktivitäten. Wir sind auf einem guten Weg: Nicht nur im Vergleich zu unseren Großeltern, sondern sogar im Vergleich zum Beginn der Neunzigerjahre leisten wir heute weniger bezahlte Arbeit denn je. Und sogar der Anteil von unbezahlter Arbeit (Haushalt und Ehrenamt) geht seit Jahren kontinuierlich zurück. Allein im familiären Alltag haben die Frauen – die das Gros der heimischen Arbeit stemmen – ihren Zeitaufwand um knapp zehn Prozent reduziert. Für Freizeitaktivitäten wie Fernsehen, Sport, Hobbys und Spiele sowie für soziale Kontakte bleiben uns somit rund 25 Prozent unseres Tages – das sind sechs Stunden täglich. Ein Drittel des Tages verschlafen wir.

Mehr Stress in der Gesellschaft

Auf der anderen Seite aber steigen die Anforderungen an uns. Seit 1960, so stellten Wissenschaftler fest, hat sich der Stresspegel in unserer Gesellschaft um 44 Prozent erhöht. Schuld sind die ständigen Veränderungen in unserem Alltag, die uns Zeit und Energie kosten. Um das berufliche Fortkommen und den Arbeitsplatz zu sichern, müssen sich Berufstätige und Familienernährer permanent weiterbilden und dorthin ziehen, wo es Arbeit gibt.

Je mehr Veränderungen wir bewältigen müssen, desto höher ist der Stresspegel.

Mobilität bedeutet auch, dass sich unser Freundeskreis schneller ändert und unser Privatleben nicht mehr in den ruhigen Bahnen verläuft, wie das unserer Vorfahren. Während noch die eigenen Eltern geradlinig von Lebensstation zu Lebensstation pilgerten (Kindheit, Schule, Ausbildung, Heirat, das eigene Häuschen, Kinder, Ruhestand), muss die Generation der Job-Nomaden flexibel und offen für Neues sein. Das Lebenstempo hat angezogen. Computer, E-Mail und Handy geben den Lebenstakt vor und halten uns auf Trab. Sie stülpen uns eine permanente Erreichbarkeit auf und ziehen uns in den Sog der Non-Stop-Gesellschaft, die ihre Zeit optimal nutzen muss.

Mehr Stress im persönlichen Alltag

Dies hat natürlich auch Auswirkungen auf unser Privatleben, denn es fällt schwer, die Hochgeschwindigkeitsgesellschaft vor der eigenen Haustüre zu stoppen. Viele Menschen wollen in der Freizeit so viel wie möglich »mitnehmen« – zum einen als Ausgleich für die Plackerei und den Druck im Beruf, zum anderen, weil die Fülle an Freizeitangeboten so verlockend ist und wir – und unsere Kinder – alles zumindest einmal ausprobieren wollen. Die Folge: Der Wunsch aktiv, gefragt und gefordert zu sein, artet in Freizeitstress aus und führt dazu, dass wir immer mehr von Verpflichtungen und Terminen gelebt werden und nicht mehr selbst leben. Am Tagesende sinken wir dann erledigt auf die Couch und fragen uns »Wo ist nur die Zeit geblieben?«.

Die meisten Eltern, die hauptberuflich oder sogar neben einer Berufstätigkeit den Alltag ihrer Familie organisieren, haben immer öfter das Gefühl, dass ihnen zu Hause alles über den Kopf wächst. Die Stunden rinnen ihnen durch die Finger – größtenteils fremdbestimmt von den Wünschen und Aktivitäten der anderen Familienmitglieder. Je mehr sie in der täglichen Routine gefangen sind, desto machtloser stehen sie den eintönigen Pflichten gegenüber und desto weniger Lust verspüren sie, die nötigen Aufgaben zu erledigen.

Zeit hat man nicht, man nimmt sie sich.

Wann immer zum »alltäglichen« Stress Unvorhergesehenes kommt, werden sie nervös. »Wie soll ich das nur alles schaffen?« fragen sich viele und verstärken den Druck auf sich, noch bevor der eigentliche Stress überhaupt beginnt.

INFO

→ Der Londoner Herzspezialist Mike Scott wies in einer Studie nach, dass Kinderbetreuung und Haushalt stressiger sind als ein Full-Time-Job. 24 Stunden lang zeichnete der Mediziner die Herzfrequenz von Müttern und Berufstätigen auf und ermittelte die Stressbelastung. Sein Ergebnis, über das die Frauenzeitschrift »Für Sie« berichtete: Während berufstätige Frauen einen Puls von 80 hatten, lag die Herzfrequenz der Mütter bei über 100. Der Grund für den konstant hohen Puls: Mütter sind rund um die Uhr im Einsatz, müssen jede Sekunde die Kinder im Blick haben, erfüllen nach »Feierabend« weitere Pflichten im Haushalt und selbst nachts können sie nicht richtig entspannen, weil – besonders wenn sie kleine Kinder haben – der Körper immer in Alarmbereitschaft ist.

Wege aus dem Hamsterrad

Einigen Druck können wir noch mit »Instant-Lösungen« abbauen: Fertiggerichte statt Hausmannskost, Drei-Minuten-Maske statt Besuch bei der Kosmetikerin. Doch das lindert nur vorübergehend die Symptome und ändert nichts an den Ursachen für unseren Stress. Viele Mitteleuropäer zelebrieren deshalb seit kurzem eine neue Langsamkeit. Nach dem Motto »Klasse statt Masse« besinnen sie sich auf Ruhe und den eigenen Rhythmus. Wellness und Work-Life-Balance heißen die Schlagwörter, und Yoga hat sich vom belächelten »Esoteriker-Turnen« zum Volkssport gemausert.

Ob als Dinki (double income, no kids), als Alleinerziehende/r, als Hausfrau oder Hausmann oder als erwerbstätiges Elternteil – machen auch Sie Schluss mit der emsigen Pflichterfüllung. Besinnen Sie sich auf das, was Ihnen wirklich wichtig ist im Leben, und beginnen Sie zu leben. Entzerren Sie den Alltag Ihrer Familie, damit Sie bald wieder ein *er*fülltes Leben haben und nicht nur ein *ge*fülltes.

In der Berufswelt hat sich längst die Einsicht durchgesetzt, dass Angestellte und Firmenchefs mit einem gut durchdachten und konsequenten Zeitmanagement deutlich weniger arbeiten und sogar bessere Ergebnisse erzielen. Und das können Sie im familiären Alltag auch. Profitieren Sie von dem Wissen, mit dem Management-Profis Arbeitsabläufe effizienter machen, sodass Sie Leerlauf und Stress am Arbeitsplatz gleichermaßen in den Griff bekommen.

Ersparen Sie sich mit bewährten Zeitmanagement-Regeln Frust und schonen Sie Ihre Nerven, indem Sie alle Familienmitglieder in den gemeinsamen Prozess mit einbeziehen. Überlegen Sie, am besten jetzt gleich, wie *heute* Ihr Leben und Ihr Alltag aussehen soll, und setzen Sie mit den Anregungen in diesem Buch Ihre *aktuelle Wunschvorstellung* zusammen mit den übrigen Familienmitgliedern schon bald in Ihre tägliche Praxis um.

Wie gestresst sind Sie?

Im Stress handeln wir wie der Hamster im Laufrad, der wie wahnsinnig rennt, aber nirgendwo ankommt. Prüfen Sie ehrlich, welche der folgenden Verhaltensweisen auf Sie zutreffen.

	stimmt	stimmt nicht
Ich schaffe selten oder nie, was ich mir vornehme.	○	○
Der Alltag laugt mich aus.	○	○
Ich habe zu wenig Zeit für mich.	○	○
Pflichten und Termine ersticken mich.	○	○
Ich fühle mich nur noch als funktionierende 24-Stunden-Haushaltshilfe.	○	○
Die meisten Tage laufen anders ab als erwartet.	○	○
Ich habe eine unklare Vorstellung von meinen Lebens-Zielen.	○	○
Ich sage lieber »Ich muss« statt »Ich möchte«, als wäre ich ferngesteuert.	○	○
Ich packe mir den Terminkalender voll und überschätze dabei meistens mein Zeitbudget. Verzögerungen oder Pannen sind darin nicht vorgesehen.	○	○
Mich nerven die ständige Unordnung und das ewige Aufräumen im Haus.	○	○

Auswertung:

Haben Sie öfter »stimmt« angekreuzt? Dann werden Sie ab sofort Ihr eigener Zeitmanagement-Coach. Setzen Sie die Tipps dieses Buches in kleinen Schritten um.

Haben Sie überwiegend »stimmt nicht« angekreuzt? Dann suchen Sie gezielt nach Lösungen aus diesem Buch, um Ihren Alltag noch schöner zu gestalten.

ERFAHRUNG

So hatte sich Sabine, 32, das Leben mit Baby nicht vorgestellt. Als sie noch kinderlos war, lästerte sie immer über die frisch gebackenen Mütter, die mittags noch im Schlafanzug herumlaufen, ungeschminkt die Haustüre öffnen und darüber jammern, dass sie keine Sekunde mehr für sich hätten. Wenn sie andere Familien besuchte, war sie entsetzt über die Unordnung im Haus. Jetzt ist Louisa drei Monate alt und Sabine zieht ihre Vorurteile über die »unorganisierten Leute« reumütig zurück. Nach etlichen Wochen durchwachter Nächte, in denen Louisa entweder Hunger oder Bauchweh hatte, ist es Sabine nicht mehr so wichtig, wann sie sich anzieht. In den kurzen Still-Pausen schafft sie es gerade einmal, sich selbst schnell etwas zu Essen zu machen, gegessen wird mit Louisa auf dem Schoß, weil die Kleine sonst nur am Brüllen ist. An Aufräumen ist nicht zu denken – höchste Zeit, dass Sabine ihre Putzfrau zurückholt. Sie hatte ihr gekündigt, weil sie ja jetzt zu Hause ist und Zeit hat selbst zu putzen…

Natürlich herrschen in Ihrem Unternehmen »Familie« Bedingungen, die jegliche Planung zu torpedieren scheinen. Das Leben ist unberechenbar und laut. Und es erfordert ständiges Jonglieren und dass Sie eigene Bedürfnisse zurückstellen. Schon morgens streiten die Kinder und trödeln, obwohl Sie eilig aus dem Haus müssen. Die kleine Tochter macht, als sie endlich abfahrbereit im Skianzug steckt, in die Windel. Während Sie sie wickeln, bastelt der Sohn ein wenig und bohrt sich dabei die Schere in die Hand – statt in den Kindergarten fahren Sie nun ins Krankenhaus.

Wenn Eltern selbst am »Stillen Örtchen« ihren einjährigen Zwerg auf dem Schoß haben (weil das immer noch besser ist, als von einem schreienden Wüterich vor der Toilettentüre zum Schnell-Pieseln angetrieben zu werden), erkennen sie das Ausmaß dessen, was es heißt, eine Familie zu haben. Und auch mit älteren Kindern gleicht das Leben oftmals einem Hindernislauf. Da sitzen Sie nachts im Wohnzimmer neben dem Berg an Bügelwäsche und basteln eine Aktionswand zum Thema »Terror in Europa«, nur weil der Filius vergessen hatte, dass er das morgen für den Sozialkundeunterricht braucht. Und statt endlich Ihren Gemüsegarten anzulegen, chauffieren Sie die Tochter zum Tennis – weil ihr Fahrrad einen Platten hat. Noch stressiger haben es berufstätige Mütter, die immer wieder kreative Lösungen finden müssen, wenn die Kinder krank werden oder die Oma, Tagesmutter oder Kinderfrau ausfällt. Sie zerreiben sich nicht selten zwischen den Ansprüchen, eine gute Mutter zu sein, und ihren »Mann im Job zu stehen«.

Topmanager mit Freiheiten

Dennoch haben Sie es als Familien-Manager in der Hand, wie Sie Ihren Alltag organisieren. Sie können Strukturen schaffen und dafür sorgen, dass es in jeder Woche zumindest einige ruhige und stressfreie Tage gibt. Das gibt Ihnen die nötige Ruhe, auch turbulente Ausnahmen gelassen zu stemmen. Sie können die nötigen Rahmenbedingungen schaffen, damit Unvorhergesehenes sich nicht zu einer mittelschweren Katastrophe auswächst und das Familienleben komplett zum Erliegen bringt. Sie können sich gegen allzu fordernde Fremdbestimmung wehren, und Sie können als Boss des Unternehmens »Familie« Ihren Arbeitsplatz nach eigenen Wünschen gestalten: Bügeln Sie nicht im muffigen Keller, sondern tragen Sie das Bügelbrett an einen sonnigen Platz. Sie können Ihre Arbeitszeiten flexibel einteilen und haben es in der Hand, wie Sie Ihre Arbeit, Termine und Verpflichtungen strukturieren. Als Haushaltschef entscheiden Sie, *wann* Sie Tätigkeiten erledigen (heute oder morgen bügeln?), *wie* Sie Tätigkeiten erledigen (soll ich ein Handtuch bügeln oder reicht zusammenlegen?) und *wen* Sie dafür auch einsetzen können (Schwiegermutter bügelt besser oder lieber).

Mehr Zeit für das Wesentliche

Machen Sie sich zunächst einmal klar, was Sie sich momentan vom Leben wünschen. Was sind Ihre persönlichen Ziele und die Ziele Ihrer Familie? Und überlegen Sie sich: Was ist Ihr Gewinn, wenn Sie künftig als Chef oder Chefin des Unternehmens »Familie« mit einigen Aufgaben schneller fertig sind, Ihr Haushalt besser organisiert ist oder Sie auf anderen Wegen »Zeit gewinnen«?

Die Kraft von klaren Zielen

Es ist wichtig, dass Sie sich Ihren »Gewinn« deutlich machen. Denn dann spüren Sie eine ganz andere Motivation, an Ihrem bisherigen Arbeitsplatz und Arbeitsablauf etwas zu verändern. Ziele sind die Basis für Motivation. Mit einem Ziel vor Augen

- gehen Sie zielstrebiger vor.
- nutzen Sie Ihre Zeit besser.
- lernen Sie, Wichtiges von Unwichtigem zu unterscheiden.
- nehmen Sie leichter Hilfe von anderen in Anspruch.
- leben Sie zufriedener.

Die meisten Menschen haben kein schriftlich fixiertes Lebensziel. Sie geben sich damit zufrieden, was das Leben ihnen gibt. Entweder, weil sie keine Zeit haben, sich über ihre Zukunft und Wünsche Gedanken zu machen. Sie sind so gefangen in der täglichen Routine, dass sie nur von Termin zu Termin hetzen. Und nach Monaten oder Jahren merken sie, dass sie nie Dinge tun, die ihnen wirklich Spaß machen.

Die gute Fee:
Wie viel Zeit wünschen Sie sich?

Ihnen geht es doch nicht darum, Minuten zu schinden um der Minuten willen, oder? Stellen Sie sich vor, zu Ihnen kommt eine gute Fee und sagt: »Du darfst Dir von mir Zeit wünschen.«

Wie viel Zeit wünschen Sie sich?

____

(10 Minuten pro Tag? Drei Stunden pro Woche?...)

Was machen Sie mit der »geschenkten Zeit«?

____

____

____

(schlafen, Sport, arbeiten, mit den Kindern spielen ...)

Wenn Sie die geschenkte Zeit in Ihrem Sinne nutzen, welche Veränderungen passieren dadurch in Ihrer Umgebung, Ihrem Leben, in Ihrer Familie?

____

____

____

(z. B.: Ich bin nicht mehr müde; Ich bin zufriedener; Ich spiele ohne Blick auf die Uhr mit den Kindern; Wir sind alle besser gelaunt, etc.)

Oder sie haben keine Ziele, weil sie sich sehr genügsam fühlen und denken: »Hauptsache meiner Familie geht es gut«. Aber geht es der Familie immer noch gut, wenn diese Menschen mit 40 oder 50 Jahren die Midlife-Crisis bekommen und sich aus dem Staub machen, weil »dies in meinem Leben noch nicht alles gewesen sein kann«?

Auch wenn Sie momentan vorwiegend für die Familie da sind – jeder Mensch darf träumen und eigene Ziele haben.

Leben Sie Ihren Traum, und verträumen Sie nicht Ihr Leben. Wie oft haben Sie schon einen Vormittag verplempert, weil Sie sich nicht aufraffen konnten, endlich aufzuräumen? Zeit, in der Sie mit schlechtem Gewissen durch die Wohnung getigert sind, oder sich außer Haus »wichtige« Aufgaben gesucht haben (50 Minuten Smalltalk vor dem Supermarkt), bloß um nicht anfangen zu müssen? Wenn Sie wissen, dass Sie am späten Vormittag etwas für sich tun, was Ihnen Spaß macht, dann erledigen Sie die Sisyphus-Arbeit Haushalt quasi nebenbei. Sie denken nicht lange darüber nach, »dass ich hier meine Fähigkeiten verschwende«, sondern sind beflügelt vom Kommenden.

ERFAHRUNG

Jenny, 34, entschied sich bei der Geburt ihres Sohnes Paul, 1, ganz bewusst für eine berufliche Auszeit. Zufrieden genießt sie die Stunden mit ihm, ohne sich ständig zu fragen »Soll ich nicht lieber doch arbeiten?«. Sie hat das klare Ziel, »die kommenden Jahre nur für meine Familie da zu sein« und richtet alles in ihrem Leben momentan darauf aus. Diese Klarheit hilft ihr auch, stressige Momente, frustrierende Schrei-Attacken und nächtliche Aktivitäten besser wegzustecken. Sie weiß: »Ich will es so.«

Wenn Sie darüber hinaus wissen, was Ihnen und Ihrer Familie im Leben wichtig ist, dann sorgen Sie automatisch dafür, dass der Kleinkram des Alltags nicht mehr Raum einnimmt, als die Dinge, die Ihnen wirklich etwas bedeuten. Zudem hilft ein klares Ziel, damit Sie nicht mehr ständig mit sich hadern: »Was soll ich tun?« Oder: »Ist es richtig, für was ich mich entschieden habe?«

Eine Ziel-Reise: Was wollen Sie?

Machen Sie an dieser Stelle eine kleine Ziel-Reise. Nehmen Sie ein Blatt Papier (DIN A4) zur Hand und verschiedenfarbige Stifte. Lassen Sie Ihren Gedanken freien Lauf, unterdrücken Sie nichts, was Ihnen in den Sinn kommt, und schreiben Sie in einer MindMap (Beispiel → S. 18) auf, *was Sie machen, sein* oder *haben wollen.*

Und zwar für einen kurzfristigen (die kommenden 12 Monate), einen mittelfristigen (die nächsten zwei bis fünf Jahre) und einen langfristigen Zeithorizont aus den Bereichen

- Körper: Gesundheit, Ernährung, Erholung, Fitness, Lebenserwartung, Urlaub;
- Kontakt: Familie, Partnerschaft, Kinder, Freunde, Beziehungen, Anerkennung, Zuwendung;
- Karriere: Beruf, Erfolg, Geld, Beziehungen, Fähigkeiten, Ehrenamt, Wohnsituation, Statussymbole, etwas entdecken;
- Geisteshaltung: Religion, Liebe, Werte, Berufung, Selbstverwirklichung, Freiheit, soziales Engagement, politisches Interesse, Seelenfrieden, etwas Sinnvolles tun, sich »unsterblich machen«.

Stecken Sie Ihre Ziele ruhig hoch. Einschränkungen in den Zielen führen zu Einschränkungen im Leben. Suchen Sie sich anschließend ein bis drei Ziele aus, die Ihnen am wichtigsten erscheinen, und verfeinern Sie sie in einer anderen Farbe nach folgenden Kriterien:

Beispiel

So könnte ein MindMap aussehen, das Sie zur Zielfindung anlegen. Arbeiten Sie am besten mit verschiedenfarbigen Stiften und lassen Sie Ihrer Fantasie freien Lauf.

Beginnen Sie für jedes neue Unterthema einen neuen (eventuell andersfarbigen) »Zweig«. Sie können an den Unterpunkten auch beliebig weiter »anbauen«.

1 **FORMULIEREN SIE POSITIV.** Negative Aussagen motivieren uns nicht zum Handeln. Sie können sogar unerwünschtes Verhalten oder eine Situation verstärken. Manchmal wissen wir jedoch besser, was wir nicht mehr wollen, z. B.: Nicht mehr so faul zu Hause herumzuhocken. Fragen Sie sich: »Was stattdessen?« Und notieren Sie das als Ihr neues Ziel: »Öfter weggehen.«

2 **FORMULIEREN SIE IN DER GEGENWART UND OHNE EINSCHRÄNKUNGEN.** »Ich werde« und »Ich würde« sind unsichere Worte, die uns nicht zum Handeln motivieren. Sagen Sie lieber »Ich bin«, »Ich tue«, dann haben Sie das zu erreichende Ziel bereits vor Augen. Vermeiden Sie Einschränkungen wie »manchmal« oder »vielleicht«. Das sind Erfolgskiller, die sofort Ihre inneren Widersacher (→ S. 22) aktivieren.

3 **FORMULIEREN SIE KONKRET UND MESSBAR.** Drücken Sie sich so konkret wie möglich aus, und machen Sie Ihr Ziel messbar. Z. B.: »Ich gehe jede Woche einmal abends weg.« Aus »Ich will mein eigenes Geld verdienen« wird: »Ich verdiene 1000 Euro im Monat«.

> Je mehr man sich erträumt, desto voller und reicher lebt man.
>
> [Rudyard Kipling]

4 **STECKEN SIE EINEN ZEITRAHMEN AB.** Eine Zeitvorgabe bestimmt maßgeblich, wie motiviert Sie sich daran machen, Ihr Ziel in Angriff zu nehmen. Sonst denkt Ihr Unterbewusstsein: »Alles nicht so eilig.« Also: »Ich gehe ab kommender Woche einmal abends weg.« »Ich verdiene heute in zwölf Monaten 1000 Euro pro Monat.« Diese Deadline ist auch maßgeblich für Ihre Erfolgskontrolle. Wichtig:

Große Ziele brauchen natürlich einen großen Zeitrahmen, um realistisch zu sein. Zerlegen Sie sie deshalb in mehrere kleine Teilziele, die Sie dann schneller in Angriff nehmen.
Ein Beispiel für kleine Schritte auf dem Weg zum Ziel »1000 Euro im Monat zu verdienen«: Ich beginne sofort mit einem 400-Euro-Job, um zunächst wieder am Arbeitsleben teilzunehmen. In zwei Monaten mache ich die entsprechende Weiterbildung, die ich für einen Halbtagsjob brauche. In zwölf Monaten habe ich eine Halbtagsstelle und verdiene monatlich 1000 Euro, netto.

5 **BEGRÜNDEN SIE, WARUM SIE DAS ZIEL ERREICHEN WOLLEN.** Wenn Ihnen klar ist, warum Sie eine Idee umsetzen wollen, gibt Ihnen das mehr Entschlossenheit und Energie. Und schon hier können Sie Saboteure entlarven, die Sie von vornherein daran hindern, jemals anzukommen. Es gibt nämlich Ziele, die kaum zu erreichen sind und die Sie deshalb am besten sofort streichen:

- **50:50-ZIELE:** Es ist Ihnen genauso lieb, das Ziel zu erreichen, als es nicht zu erreichen (Ich will Skifahren lernen – irgendwann vielleicht einmal).
- **ALIBI-ZIELE:** Sie tun so, als ob das ein Ziel wäre (Jeder Mensch braucht doch ein Ziel …).
- **KONKURRIERENDE ZIELE:** Erreichen von Ziel A geht zu Lasten von Ziel B (Ich möchte eine Putzfrau haben – Ich will keine fremden Leute in meiner Wohnung haben). Lösung: a) Kompromisse schließen, b) mit einer Pro/Kontra-Liste oder einem Entscheidungsbaum Klarheit darüber gewinnen, was wichtiger ist.
- **FREMDE ZIELE:** Vorsicht, wenn da steht »…weil die Eltern wollen, dass wir in der Nähe sind.« Und was wollen *Sie*? Ein Haus in der Nähe der Eltern oder ein gehorsames Kind sein?
- **GEMEINSCHAFTSZIELE:** Manche Ziele hängen vom Willen mehrerer Menschen ab. Deshalb können Sie sich nicht alleine dafür verantwortlich machen, ob Sie ankommen. Ziele wie »Ich bin lebenslang

glücklich mit diesem Partner verheiratet« oder »Ich arbeite nur als Architekt« hängen auch davon ab, wie sich der Partner oder das Umfeld entwickelt. Vermeiden Sie Frust. Prüfen Sie, was Sie jeweils dazu beitragen können, und reagieren Sie auf Entwicklungen.

1

> Achtzig Prozent unserer Motivation entspringt dem Warum, nur 20 Prozent dem Was und Wie.
>
> [Charles Garfield]

6 SUCHEN SIE SICH DIE ZIELE AUS, DIE IHNEN MOMENTAN AM WICHTIGSTEN SIND. Übertragen Sie diese Ziele in ein Zielblatt, das Sie sich (mit Datum und Unterschrift versehen) gut sichtbar in Ihrer Wohnung aufhängen. Immer, wenn Sie Ihre Ziele sehen, dann spornt Sie das an, am Ball zu bleiben.

7 PLANEN SIE DIE ERSTEN SCHRITTE – KONKRET, MESSBAR, MIT DEADLINE. Überlegen Sie sich: Was muss ich als Erstes tun, damit mein Ziel sich erfüllt? Wen kann ich anrufen? Wo finde ich Infos über meinen Plan, Stellenanzeigen, Adressen von Kinderbetreuern etc.? Planen Sie die einzelnen (kleinen) Schritte. Das macht jedes – auch ein großes – Ziel überschaubar und somit erreichbar.

8 MACHEN SIE INNERHALB VON 72 STUNDEN DEN ERSTEN SCHRITT. Alles, was Sie nicht innerhalb von drei Tagen anpacken, machen Sie nie. Freuen Sie sich über jeden erfolgreichen Schritt, und lassen Sie sich von Hindernissen nicht entmutigen.

Kampf den kleinen inneren Widersachern

Verändern kann sich in Ihrem Leben – und an Ihrem Tagesablauf – allerdings nur etwas, wenn Sie Verantwortung für Ihr Leben übernehmen und einigen intriganten Gegenspielern in Ihnen das Handwerk legen. Nennen Sie es den »inneren Schweinehund«, Selbst-Boykott oder Saboteur – etwas in Ihnen bestimmt maßgeblich, wie Ihr Leben verläuft. Die größten »kleinen« Biester stecken schließlich in uns selbst.

Motivation kommt von innen, und Glück erzeugst Du in Dir selbst.

Es scheint zunächst leicht, seine Lebenssituation oder andere Menschen dafür verantwortlich zu machen, wie glücklich Sie sind.

Aber lösen Sie sich von dem Gedanken, eine hilflose Marionette zu sein, die nach den Wünschen der anderen hüpft, springt oder still in der Ecke sitzt. Es ist *Ihr* Leben. Und Sie haben es in der Hand, ob Sie mit 80 Jahren zurückblicken und – unabhängig von Krisen, die jeder Mensch mitmacht – sagen können »Ja, das war ein erfülltes Leben«, oder »Wenn ich noch einmal leben könnte, würde ich alles anders machen«.

Heute ist der erste Tag vom Rest Ihres Lebens, und es lohnt sich, die eigenen Barrieren zu hinterfragen. Wenn Sie erkannt haben, was Sie hemmt, gewisse Sachen in Angriff zu nehmen, dann können Sie reagieren und zumindest ab morgen die Dinge in die gewünschte Richtung lenken. Der folgende Test gibt Ihnen Hinweise darauf, welche kleinen Widersacher Ihnen im Alltag in die Quere kommen und mit welchen Strategien Sie ihnen ein Schnippchen schlagen können.

Welche inneren Widersacher machen Ihnen das Leben schwer?

	ja	nein
Meine Bekannten bewundern mein abwechslungsreiches und erfülltes Leben.	○ (B)	○ (O)
Ich mache in Haushalt und Familie alles alleine.	○ (P, O, S)	○
Ich gebe viel auf die Meinung anderer.	○ (M, B, P)	○
Meine Arbeit mache ich gründlich.	○ (P)	○ (G)
Ich habe so viele Wünsche und Ideen, dass ich gar nicht weiß, was ich zuerst machen soll und mich oft verzettele.	○ (G)	○
Bevor ich mir eine Freude mache, kümmere ich mich lieber um die anderen.	○ (S, O)	○
Ich erledige häufig noch Arbeiten im Haus, wenn die Familie schon vor dem Fernseher sitzt.	○ (S, D)	○
Meiner Familie schmeckt nur, was ich koche.	○ (M)	○
Meine Tage sind vollgestopft mit Verabredungen/Terminen.	○ (B, G)	○
Wenn ich das Gefühl habe, andere Leute mißbilligen was ich tue, dann tue ich es nicht.	○ (M)	○
Bei der Arbeit stöhne ich häufig oder zeige auf andere Art, wie schwer meine Arbeit gerade ist.	○ (D)	○ (B, G)
Mit Tränen bringe ich meinen Partner/meine Kinder am ehesten dazu, Arbeiten zu erledigen.	○ (D,M)	○
Ich weiß, ich bin in vielen Dingen noch nicht gut genug.	○ (P)	○
Ich bin sehr hilfsbereit und jederzeit für andere da.	○ (S, O)	○
Ich habe absichtlich oft Arbeiten nicht pünktlich fertig, um zu zeigen, wie beschäftigt ich bin.	○ (D)	○

• • •

Auswertung:

Bitte übertragen Sie nun die in Klammern angegebenen Buchstaben hinter Ihren Antwortkreuzen in die Übersicht:

Buchstabe/ Widersacher	Anzahl
P	
O	
D	
B	
M	
G	
S	

Bei welchen Buchstaben (= inneren Widersachern) haben Sie die meisten Punkte? In der Regel werden Sie mehrere »Spitzen« haben, denn meist pieken uns mehrere Widersacher, die uns in bestimmten Situationen oder gegenüber bestimmten Menschen das Leben schwer machen. Sie untergraben, dass wir unser Leben selbstbestimmt gestalten und kosten uns jede Menge Zeit und Energie.

Auflösung:

WIDERSACHER P – PERFEKTUS:

Gut ist ihm nicht gut genug. Alles um ihn herum und er selbst müssen 100%ig perfekt sein. Die Perfektion vermittelt ihm ein gutes Gefühl, kostet allerdings viel Zeit und Kraft. Noch dazu, weil alle anderen um ihn herum nicht so hohe Ansprüche haben und er deren »Schlampigkeit« nur schwer ertragen kann. Deshalb macht Perfektus auch alles am liebsten selbst, denn dann ist es wenigstens so, wie er es sich wünscht.

Ihr Weg zu mehr Zeit: Pareto-Prinzip (→ S. 61), Delegieren (→ S. 68)

WIDERSACHER O – OPFERIUS:

Opferius würde ja so gerne so vieles tun, aber andere Menschen und die Umstände hindern ihn daran. Er gefällt sich in der Opferrolle, und das Mitleid im Bekanntenkreis tut ihm gut. Das kann auf Dauer jedoch die Lebensfreude kaputtmachen und Opferius riskiert, dass sich Familie und Freunde genervt abwenden.

Ihr Weg zu mehr Zeit: Ziele setzen (→ S. 14), »Nein-Sagen« lernen (→ S. 65)

WIDERSACHER D – DEMONSTRANDUS:

Ja, es nervt, jeden Tag die gleichen Routine-Handgriffe im Haushalt machen zu müssen und dafür im Prinzip nie Lob oder Anerkennung zu bekommen. Klar, dass Demonstrandus, der wandelnde Vorwurf, Sie dazu bringt, nachts um 22 Uhr noch die Treppen zu bohnern. Dann sehen wenigstens alle, wie sehr Sie sich für Ihre Familie aufreiben. Aber leider können oder wollen die Damen und Herren Partner und Kinder die vorwurfsvollen stummen Botschaften von Demonstrandus nicht vernehmen.

Ihr Weg zu mehr Zeit: Ziele setzen (→ S. 14), Auszeiten (→ S. 46), Arbeitsteilung (→ S. 68), Kommunikation (→ S. 93)

WIDERSACHER B – BLENDAXIUS:

Sie sind wirklich wie die Familie aus der Blendax-Werbung. Sie schaffen alles, haben wohlerzogene Kinder, bringen Ihre zahlreichen Hobbys, Freunde und evtl. einen Beruf locker unter einen Hut, und schauen dabei immer gut aus. Das ist zumindest das, was Blendaxius nach außen ausstrahlt. Wenn Sie sich auch so fühlen, und wirklich alles im Lot ist – wunderbar. Wenn Sie jedoch das Gefühl haben, eine Fassade mühsam aufrechterhalten zu müssen, dann ist es Zeit, die Notbremse zu ziehen. Pfeifen Sie Blendaxius zurück, und holen Sie sich Unterstützung.

Ihr Weg zu mehr Zeit: Tagesprotokoll (→ S. 29), Delegieren (→ S. 68), »Nein-Sagen« lernen (→ S. 65), Auszeiten (→ S. 46)

WIDERSACHER M – MORALIUS:

Moralius gibt viel auf das, was die anderen sagen. Wenn das Umfeld meint, nur Rabenmütter geben ihre Kinder in eine Krippe, dann tut Moralius es nicht, weil er keine Rabenmutter sein will. Dabei müssen die Leute dies nicht einmal laut aussprechen. Es reicht Moralius zu glauben, die anderen würden dies denken. Beim geringsten Anzeichen von »Kritik« zieht er sich bescheiden zurück.

Ihr Weg zu mehr Zeit: Ziele setzen (→ S. 14), Prioritäten setzen (→ S. 57), Positives Umfeld (→ S. 41), Fragen (→ S. 93)

WIDERSACHER G – GALOPPUS:

Galoppus sprudelt über vor lauter Ideen und Zielen, doch er erreicht nur selten, was er will. Galoppus neigt dazu, sich zu verzetteln, sich ohne Prioritäten ins Getümmel zu stürzen und irgendwann geht ihm unterwegs die Luft aus. Hektik verstellt den Blick auf das Wesentliche. Da kann es sein, dass er vorschnell Ziele in Angriff nimmt, ohne das »Warum« zu klären.

Ihr Weg zu mehr Zeit: Ziele setzen (→ S. 14), To-do-Listen (→ S. 49), Prioritäten setzen (→ S. 57)

WIDERSACHER S – SKLAVA:

Sklava ist überzeugt, dass sie nichts kann, zu nichts taugt, überflüssig ist und deshalb bombt sie sich bis zur Selbstaufgabe mit Tätigkeiten zu, um zumindest ein bisschen Anerkennung zu erbetteln. Oftmals begründet Sklava das damit, dass sie von ihren Eltern nie gelobt wurde und immer Höchstleistungen bringen musste.

Ihr Weg zu mehr Zeit: Ziele (→ S. 14), Delegieren (→ S. 68), »Nein-Sagen« lernen (→ S. 65), Verbündete schaffen (→ S. 99), Lobkultur entwickeln (→ S. 100)

Work-Flow-Management – Einfach mehr Zeit gewinnen

→ Als Chef des Unternehmens »Familie« haben Sie es in der Hand, sich Freiräume zu schaffen. Nutzen Sie die Kniffe, mit denen Manager ihren Alltag schöner und effektiver gestalten. Lösen Sie mit bewährten und neuen Methoden des Zeitmanagements die Fesseln aus Terminen, Pflichten und Fremdbestimmung. Und gewinnen Sie wertvolle Stunden, indem Sie Ihre Arbeitsumgebung optimieren.

Die Suche
nach der verlorenen Zeit

2

Bevor Sie daran gehen, bis zu mehrere Stunden pro Tag zu sparen, investieren Sie einige Minuten: Finden Sie heraus, wo Ihre Zeit überhaupt hinfließt und welche Momente Sie als vergeudet empfinden. Sie werden schnell erkennen, dass oftmals banale Kleinigkeiten Ihre Zeit »fressen« und wenn Sie diese in Ihrem Alltag ändern, schon der größte Nutzen erwirkt wird. Allein schon, wenn Sie *bewusster* mit Ihrer Zeit umgehen, werden Sie den täglichen Stress entzerren.

Zeit haben und Zeit planen

Wie Sie mit Ihrer Zeit und den Alltagsaufgaben umgehen, hat auch sehr viel damit zu tun, welcher Organisations-Typ Sie sind. Aus der Gehirnforschung wissen wir heute, dass manche Menschen eher von der linken Gehirnhälfte (Fakten, Zahlen, Systematik) gesteuert werden, andere – beispielsweise Kinder – von der rechten Gehirnhälfte (Bilder, Gefühle, Spontaneität). Diese »Denke« beeinflusst unmittelbar die Art und Weise, wie Sie Ihr Selbst- und Zeitmanagement künftig optimieren können.

Haben Sie schon einmal versucht, mit Zeitmanagement-Tipps Ihren Alltag in den Griff zu bekommen? Fühlten Sie sich »geknechtet«, weil Sie Tagespläne und To-do-Listen erstellen sollten, an die Sie sich doch nicht gehalten haben. Sie haben Prioritäten gesetzt für »P-Aufgaben« (unwichtige Dinge, die besser sofort in den Papierkorb gehören) – einfach weil es Spaß macht, mit dem Terminplaner zu spielen oder der virtuelle Papierkorb im Handheld so nett »pling« macht. Schuldbewusst haben Sie sich deshalb nach einigen Tagen für diese »Spielerei« bestraft und Ihr Zeitplan-Instrument überhaupt nicht mehr in die Hand genommen.

Tatsache ist, dass das traditionelle Zeitmanagement von systematisch denkenden Menschen entwickelt wurde und demnach wunderbar bei ebenfalls systematischen linkshirnig dominanten Menschen funktioniert. Sie setzen die klassischen Tipps »mit links« um und profitieren doppelt: Sie gewinnen Zeit und haben auch noch Spaß dabei, weil Listen und Routinen sie befriedigen. Rechts-Denker sträuben sich jedoch gegen starre Vorgaben. Ihr Gehirn verlangt einen eher spielerischen und kreativen Ansatz, wie sie Zeit gewinnen können.

In diesem Buch finden Sie deshalb Tipps, die beiden Hirn-Dominanzen gerecht werden: Sie lernen neben der klassischen auch eine ganzheitliche Variante kennen, und viele Lösungen sind so aufbereitet, dass beide Informationsverarbeiter damit gut zum Ziel kommen. Zusatznutzen: Wenn Sie den Alltag in Ihrer Familie organisieren, mindern Sie den Stress erheblich, indem Sie versuchen, die unterschiedlichen Denkweisen Ihrer Familienmitglieder zu verstehen und darauf Rücksicht zu nehmen. Halten Sie sich vor Augen, dass besonders Kinder überwiegend ganzheitlich in Bildern denken und sie deshalb z. B. wesentlich besser Ordnung halten können, wenn Sie ihnen die Arbeit mit Farben und Bildern erleichtern und Alltagsaufgaben spielerisch gestalten. Interessanterweise tun sich oft auch Partner mit unterschiedlichen Hirndominanzen zusammen. Und da passiert es leicht, dass die »Pedanterie« des einen und das »Chaos« des anderen Zündstoff liefern.

INFO

→ Auf der Innenseite der Titel-Klappe finden Sie die Analyse »Das Genie beherrscht das Chaos oder Ordnung ist das halbe Leben?« Machen Sie die Analyse jetzt. Welcher Typ sind Sie? Der systematische Links-Denker oder der ganzheitliche »chaotische« Rechts-Denker?

ERFAHRUNG

Es kann auch sein, dass »zwei Herzen in Ihrer Brust schlagen«. So wie bei Brigitte. Als Unternehmerin und Chefin von zehn Mitarbeitern muss die 37-Jährige jederzeit alles im Griff haben und arbeitet deshalb sehr systematisch und organisiert. Im Privatleben hingegen macht sie das mit einem gewissen Laisser-faire wett. Sie sträubt sich gegen Listen und verplant ihre freien Tage und Abende kaum.

Die Mischung der Tipps garantiert Ihnen auch, dass Sie sich nicht zu stark in eine bereits ausgeprägte Richtung weiterentwickeln. Ein links-dominanter Mensch, der sein Leben schon mit Listen und detaillierten Vorgaben regelt, verliert mit weiteren Listen eher Zeit, als dass er eine Atempause gewinnt. Andererseits leiden viele Chaoten unter dem hektischen Durcheinander in ihrem Leben. Sie verlieren Zeit, wenn sie sich nicht auf ein Minimum an Planung einlassen wollen und verwechseln oftmals ihr permanentes Notfall-Programm mit Spontaneität.

Mit Tagesprotokollen Klarheit schaffen

Gewinnen Sie mehr Klarheit über Ihren Alltag, und machen Sie eine Ist-Analyse mit Hilfe des Vordrucks auf S. 122 im Serviceteil. Notieren Sie dazu eine Woche lang in Stichpunkten, welche Aufgaben Sie täglich stemmen müssen und wie viel Zeit Sie dafür benötigen. Halten Sie auch Störungen und Ihre Gefühle bei der jeweiligen Arbeit fest. Am besten wählen Sie für »Ihre« Woche eine normale Alltagswoche, in der die Rahmenbedingungen (Partner arbeitet, Kinder sind im Kindergarten oder in der Schule) wie üblich sind. Auf dieser Grundlage können Sie anschließend *gezielt* gegen Zeitdiebe, Zeitfallen und Zeitfresser vorgehen.

Sie haben keine Zeit, ein Tagesprotokoll zu schreiben? Tun Sie es dennoch, es lohnt sich. Wenn Sie Ihre Aktivitäten schwarz auf weiß sehen, dann

→ ERKENNEN SIE AUF ANHIEB, WARUM SIE BISLANG NIE ZEIT HATTEN. Und Sie können *sofort* Maßnahmen ergreifen. »Ich bin erschrocken, als ich im Tagesprotokoll sah, dass ich jeden Tag mit einer Freundin telefoniere und sich das in der Woche auf sechs Stunden summierte. Jetzt habe ich mit ihr abgesprochen, dass wir nur noch zweimal pro Woche ratschen« sagt Andrea, 35, halbtags berufstätige Betriebswirtin und Mutter von Florian, 5, und Anna, 4.

→ ÄNDERN SIE IHRE EINSTELLUNG ZU IHREM ALLTAG. »Nachdem ich eine Woche lang ein Tagesprotokoll geführt habe, sah ich, dass ich ja total viel schaffe an einem Tag. Mein bisheriges Gefühl, ich kriege nichts auf die Reihe, hat mich getrogen« freut sich Anke, 28, Hausfrau und Mutter von Leon, 3, und Kim, 1.

→ KÖNNEN SIE DAS PROBLEM AN DER WURZEL PACKEN. Conny, 38, allein erziehende Pharma-Referentin, stellte in der Ist-Analyse fest, dass sie pro Woche fünf Stunden für die Wäsche braucht. Ursache: Sie und die drei Kinder Kevin, 16, Julia, 14, und Levin, 11, warfen täglich T-Shirts, Blusen und Duschhandtücher sowie die Sport-Garnituren in die Wäsche. Lösung: Jeder trägt nicht verschwitzte und nicht verschmutzte (Sport-) Kleidung mehr als ein Mal, frische Handtücher gibt es alle drei Tage. Wäscheaufwand pro Woche: zwei Stunden.

→ KÖNNEN SIE IHREN EIGENEN RHYTHMUS (WIEDER-) FINDEN. Max, 37, Hausmann und Vater von Lena, 4, erkannte, dass er häufiger zu Aktivitäten getrieben wurde, als es seinem Lebensrhythmus entspricht. »Das Tagesprotokoll zeigte mir, dass ich zu viel in meine Tage reinpacken wollte. Dadurch blieben einfach keine Erholzeiten mehr, keine Zeit zum Energie tanken. Jetzt achte ich mehr auf meinen eher gemütlichen Rhythmus und akzeptiere, dass ich nicht auf allen Hochzeiten tanzen kann.«

Natürlich ist diese Ist-Analyse eine Momentaufnahme, die saisonale Arbeiten (Obst ernten und einkochen, Plätzchen backen) und andere unregelmäßig wiederkehrende Aufgaben (Vorhänge waschen, Garten winterfest machen) nicht berücksichtigt. Das soll sie auch nicht. Dieses Schlaglicht auf Ihren Alltag zeigt Ihnen, wo Aktivitäten und Störungen in Ihrem Aufgaben-Dschungel am meisten wuchern und wo Sie Ihren Tagesablauf noch optimieren können. Sie lernen dabei künftig Zeit für Arbeiten zu reservieren, die aus dem Rahmen fallen.

Variante für Kreative

Standardisierte Vordrucke engen Sie ein? Dann machen Sie Ihre Tagesprotokolle in Form eines MindMaps (das kennen Sie bereits aus Kapitel 1, als Sie Ihre Ziel-Reise gemacht haben). Gruppieren Sie die Strahlen um die Tagesangabe (»Montag«), wobei jeder Strahl eine Stunde darstellt. Davon zweigen dann Ihre Aktivitäten ab. Die Dauer, Störungen und Ihre Gefühle können Sie in einer anderen Farbe abzweigend notieren. Oder schreiben Sie ein ausführliches Tagebuch mit Ihren Erlebnissen, garniert mit den Uhrzeiten und kleinen Zeichnungen. Lassen Sie Ihrer Kreativität freien Lauf, denn Sie können von diesem »Spiegel« nur profitieren. Sie sehen

- wie viel Sie tatsächlich leisten.
- welche Art von Arbeit Sie erledigen und wie viel Zeit Sie dafür brauchen (oder »verplempern«).
- dass Aufgaben häufig so lange dauern, wie Sie Zeit dafür erübrigen.
- welche Störungen Ihre Arbeitsdauer beeinflussen.
- wann Sie regelmäßig müde werden.
- welche Ihrer Arbeiten überflüssig sind.
- welchen Sinn einige Arbeiten erstaunlicherweise machen.
- dass es viel zu Lachen gibt über den alltäglichen Wahnsinn.
- dass allein die Tatsache, dass Sie sich und Ihren Alltag kritisch beobachten, bereits eine Veränderung zum Guten mit sich bringt.

Als Beispiel wie Ihr Tagesprotokoll aussehen kann, hier das von Anke, 28, Hausfrau, mit Leon, 3, und Kim, 1:

Uhrzeit	Tätigkeit	Störungen/Zeitdiebe	Ich fühle mich...
0.00–5.00	Schlafen	2x aufstehen wg. Kinder	unausgeschlafen
6.00	Schlafen	6.20 Wecker Gregor	
7.00	Aufstehen, duschen	Wo sind schon wieder	gähn
7.15	fertigmachen	meine Hausschuhe???	
7.30	Frühstück machen		
7.45	Kinder wecken		
8.00	Frühstücken	Leon meckert wg. »falschem« Brot,	gut gelaunt
8.15		Kim will nur auf Schoß sein,	
8.30	Kinder anziehen	Leons Unterhose ist zu klein	ausgeglichen
8.45	Leon in Kindergarten gebracht	→ neue holen im 1. OG	
9.00	Einkaufen bei Penny	Wer hat die Parkplätze vor der	ok.
9.15		neuen Bankfiliale so weit weg	
9.30	Tengelmann	geplant? Schleppe Kim auf Arm,	
9.45	Bank	mein Rücken tut weh	
10.00			
10.15	Einkäufe z.T. einräumen (bäh)		
10.30	Post durchschauen, Brotzeit für Kim,	Kim quengelt (Zahnweh?)	
10.45	füttern		
11.00	Kim ins Bett gelegt		müde
11.15	Haus aufräumen, Betten machen,	Telefonat mit Freundin nebenbei	
11.30	im Bad Zeug wegräumen, in Leons		
11.45	Zimmer Spielzeug wegräumen,		
12.00	Im Wohnzimmer Spielzeug wegräu-		
12.15	men, kochen, nebenbei Küche auf-	Kim wacht auf, Küche nicht fertig	
12.30	räumen (Zeug vom Frühstück steht	aufgeräumt, Kochen mit Kim auf	
	noch da, brrr) Kim anziehen,	der Hüfte;	
12.45	Leon aus KiGa holen	Einkäufe noch nicht verräumt	
13.00	gemeinsames Essen	Kim schüttet sich Suppe drüber;	Jawoll, gut dass ich
13.15		Leon schüttet Schorle um, will	heute den Boden noch
13.30		gefüttert werden; Telefon	nicht geputzt habe
13.45			
14.00	Kinder spielen im Wohnzimmer; ich	Postbote klingelt mit	Habt's mich doch
14.15	hau mich auf die Couch, will dösen	Päckchen für Nachbarn	alle gern!
14.30	Espresso trinken, Kinder für Weg-	Leon will Zuschauer am Klo;	
14.45	gehen fertig machen	Kim hat die Hose voll	
15.00	Kinderturnen (kommen zu spät)	Kim will nur auf Arm sein	Hätte zwei Espresso
15.15			trinken sollen!
15.30			
15.45			
16.00			
16.15	gemütlich Tee trinken bei Ilona	Habe ich schon meine Klette	
16.30		erwähnt? Kim will nur...	
16.45			
17.00			Die ständige Unord-
17.15			nung nervt, kann gar
17.30	wieder daheim → Abendessen kochen	Kinder streiten, Zeug liegt	nicht so schnell auf-
17.45		rum (Klamotten, Spielzeug,	räumen, wie Zeug
		Einkäufe immer noch)	rumfliegt
18.00			
18.15	Abendessen mit Gregor		gut gelaunt
18.30			
18.45			
19.00	Kim ins Bett bringen		
19.15			
19.30	Leon ins Bett bringen (Gregor),	Leon quengelt, fordert ein Bilder-	
19.45	Küche aufräumen	buch nach dem anderen	
20.00	Wohnzimmer aufräumen	Gregor ist immer noch bei Leon	Oh, habe ich schön
20.30	Wäsche waschen, trocknen, legen		Ruhe zum Räumen
21.00	Will lesen, aber →	Telefon, Freundin hat Schwanger-	will ins Bett
21.30	Na, dann putze ich eben Schuhe	schaftsproblem	
22.00			Gregor liest Protokoll
22.30	Gute Nacht		von heute und lacht
			über sein Narrenhaus.
23.00		23.30 Uhr Kim weint	
24.00			

Wissen statt glauben – Neue Arbeitsweise dank Aha-Effekt

Im Laufe Ihrer Tagebuch-Woche und bei der folgenden Auswertung erleben Sie sicherlich den einen oder anderen Aha-Effekt. Viele Situationen können Sie mit kleinen, sofort umsetzbaren Tipps verbessern, andere indem Sie *grundlegend* etwas in Ihrer Familie verändern. Und auch das kann ganz einfach sein.

Nichts ist so, dass man es nicht ändern könnte.

Stellen Sie dabei Gewohntes ruhig in Frage. Nur weil es bislang so war, muss es nicht gut sein. Binden Sie dabei auch die Familie ein. Der Partner und selbst kleine Kinder haben oftmals Sichtweisen, mit denen Sie Ihr »Problem« ganz schnell lösen können. Der Vorteil: Ist Ihre Familie in den Entscheidungsprozess eingebunden, wird sie Änderungen viel leichter akzeptieren und unterstützen.

Kleine Schritte, bitte!

Gehen Sie unbedingt in kleinen Schritten vor. Verlangen Sie nicht von sich selbst, dass Sie *alle* Tipps *sofort* in die Tat umsetzen müssen und in allen Bereichen Ihres Lebens etwas ändern sollen. Das sind unrealistische Anforderungen, die kein Mensch erfüllen kann. Greifen Sie zunächst ein bis zwei Anregungen auf. Erst, wenn diese neue Denkweise oder der neue Arbeitsablauf Routine in Ihrer Familie geworden ist, suchen Sie die nächsten für Sie passenden Tipps.

Aha-Effekt: Minuten-Jobs

Häufig liegen uns unerledigte Arbeiten regelrecht auf der Seele, weil wir glauben, dass sie besonders viel unserer sowieso schon knappen Zeit beanspruchen würden. Dabei ist das in der Realität oft gar nicht der Fall und es lohnt sich, darauf zu achten, wie viel Zeit Sie für die eine oder andere ungeliebte Tätigkeit tatsächlich benötigen.

INFO

Warum Sie glauben, etwas koste zu viel Zeit

- generelle Abneigung gegen die Aufgabe
- Unfähigkeit, »Nein« zu sagen
- momentane Unlust
- Störungen
- Müdigkeit, Krankheit, zu wenige Erholungsphasen
- verzettelt in mehrere Parallel-Aufgaben
- zu sehr ins Detail gegangen (Ziel aus dem Auge verloren)
- Gesamtaufwand unterschätzt
- vergessen, Zeit für das Zurechtlegen und Aufräumen des Werkzeuges einzuplanen
- Selbstüberschätzung (»Heute schaffe ich alle liegen gebliebenen Arbeiten der letzten drei Wochen.«)
- mangelnde Unterstützung der Familie

Auch Conny, 38-jährige allein erziehende Mutter von Kevin, 16, Julia, 14, und Levin, 11, stellte erstaunt fest, »dass ich für Arbeiten, die mich gefühlsmäßig sehr viel Zeit kosten, manchmal nur Minuten brauche«. Neugierig geworden, stoppte sie zusätzlich zur Ist-Analyse einige Aufgaben mit der Stoppuhr – und änderte daraufhin Ihre Arbeitsweise radikal. »Bislang drückte ich mich oft den halben Tag lang um das

Conny's Zeitbedarf für Routine-Handgriffe	
Spülmaschine ausräumen (normal gefüllt)	*5 Minuten*
Wäsche von Maschine in Trockner räumen	*1 Minute*
Treppe feucht herunterwischen (»Katzenwäsche«; zwei Geschosse bis zum Keller)	*8 Minuten*
Toilette putzen	*2 Minuten*

Ausräumen der Spülmaschine und stapelte alles in und neben der Spüle, was natürlich noch mehr Arbeit bedeutete. Jetzt wo ich weiß, dass das Ausräumen nur fünf Minuten dauert, mache ich es gleich und freue mich schneller über eine aufgeräumte Küche.«

Verschaffen Sie sich die Gewissheit, wie lange Sie für bestimmte Routine-Tätigkeiten (ohne Störungen) brauchen, einen Vordruck dazu finden Sie auf S. 123 im Serviceteil. Das soll Sie nicht zum Wettlauf mit der Zeit animieren, indem Sie täglich versuchen, Ihre Bestmarke zu unterbieten. Es soll Ihnen lediglich *einmal* exakt zeigen, wie viele Minuten (ungeliebte) Tätigkeiten tatsächlich »verschlingen«.

Aha-Effekt: Stress durch familiäre Pflichten

Werten Sie Ihre Tagesprotokolle grob aus, und notieren Sie im Aktionskasten auf S. 124 im Serviceteil, wie viel Zeit Sie für bestimmte Aufgabenarten pro Woche in Stunden investiert haben. Ergänzen Sie die Liste gegebenenfalls um weitere regelmäßige Tätigkeiten. Und sagen Sie spontan, wie Sie die aufgewendete Zeit beurteilen (☺ Zeitaufwand in Ordnung; ☹ kostet zu viel Zeit; ☺☺ kostet weniger Zeit als erwartet).

Nadja, 35, Hausfrau und Mutter von Jutta, 9, Angelina, 3, und Andreas, 1, sowie Andrea, 35, halbtags berufstätig und Mutter von Florian, 5, und Anna, 4, haben ihre Tagesprotokolle ausgewertet. Wie das aussehen kann, lesen Sie in der folgenden Tabelle.

	Nadja		Andrea	
Tätigkeit	**Zeit in h**	**Urteil**	**Zeit in h**	**Urteil**
Aktivitäten mit den Kindern	16	☹	19	☺
Badezimmer putzen	0	☺ Putzfrau	1,25	☺
Bügeln	0	☺ Putzfrau	1,5	☺
Einkaufen/div. Erledigungen	4,5	☺	3,25	☺
Essen/Füttern	10,5	☹	11,75	☺ Kaffeetrinken
Fußböden saugen/wischen	0,5	☺	2,75	☺
Hausaufgabenhilfe/-kontrolle	1,5	☺	–	–
Hol- und Bringzeiten der Kinder	2,5	☺	2,75	☺
Kinder ins Bett bringen	6	☺	2,0	☺
Kinderpflege	5,5	☺	1,25	☺☺
Kochen inkl. vorbereiten	7	☺	4,25	☺
Küche aufräumen	6	☺☺	1,75	☺
übrige Wohnung aufräumen, Betten machen etc.	3,5	☺☺	3,25	☺
Wäsche waschen etc.	2,5	☺☺	1,5	☺
Organisation Kinder-betreuung	1,25	☺	–	fest geregelt
Altpapier wegfahren	0,25	☺	–	–
Auto waschen	–		–	erledigt Frank
Reparaturen	–	erledigt Peter	–	erledigt Frank
Familienausflug	8	☺	–	–
Beruf	–	–	11,0	☺
Wegezeiten Beruf	–	–	2,0	☺
Zweitberuf	–	–	1,0	☺
Elterngespräche KiGa	–	–	0,5	☺
Summe der verplanten Zeit:	75,5 h		70,75 h	

Aha-Effekt: Wo Störungen und Zeitdiebe zuschlagen

In Ihrem Tagesprotokoll haben Sie auch Störungen notiert. Welche Zwischenfälle unterbrechen bei Ihnen besonders häufig Ihre Arbeit? Und wo schlagen die Zeitdiebe zu? Notieren Sie das bitte im Anhang auf Seite 123.

2

Und jetzt?

Lassen Sie nun einmal Revue passieren, was Sie aus Ihren Notizen über sich und Ihr Verhalten gelernt haben. Welche Konsequenzen ziehen Sie aus Ihren Tagesprotokollen?

Sie haben die Ist-Analyse (noch) nicht gemacht? Dann hören Sie auf Ihr *Bauchgefühl*, und ergänzen Sie folgende Aussagen:

1. Im **familiären** Alltag vertue ich am meisten Zeit mit…

   ____

2. Zu kurz kommt meist…

   ____

3. Am ehesten könnte ich Zeit sparen bei…

   ____

Aha-Effekt: freiwillige Verpflichtungen

Werten Sie Ihre Tagesprotokolle nun auch nach Ihren regelmäßigen *persönlichen* Terminen aus, notieren Sie im Aktionskasten auf S. 125 den Zeitaufwand pro Woche in Stunden, und beurteilen Sie die aufgewendete Zeit. Auch hier haben Nadja und Andrea ihre Tagesprotokolle beispielhaft ausgewertet.

	Nadja		Andrea	
Tätigkeit	**Zeit in h**	**Urteil**	**Zeit in h**	**Urteil**
Eigene Körperpflege	3,5	☺	4,75	☺
Lesen	7	☺	1,75	☺
Telefonieren	4,5	☺	5,75	☹
Ehrenämter	–	–	1,0	☺
Zeit mit dem Partner allein	10,5	☺	1,0	will mehr
Zeit mit Freunden	6	☺	9,25	☹
Weiterbildungskurse	–	will mehr	–	–
Sport	3	☺	0,5	☺☺
Nachtschlaf	42	will mehr	49,25	weiß nicht
Tagschlaf	1,5	☺	–	–
Termine Heilpraktiker	–	–	3,5	☺
Fernsehen/Stricken	–	–	3,75	☺
Summe der verplanten Zeit:	78 h		80,5 h	

Sie haben die Ist-Analyse (noch) nicht gemacht? Dann hören Sie auf Ihr *Bauchgefühl*, und ergänzen Sie folgende Aussagen:

1. In meinem **persönlichen** Alltag vertue ich am meisten Zeit mit...

   ____

2. Zu kurz kommt meist...

   ____

3. Am ehesten könnte ich Zeit sparen bei...

   ____

Ihr größter Zeitgewinn: nichts tun

Sie kennen jetzt Ihre Tagesstrukturen, Gefühle und Störungen im Alltag, die Sie unter Stress setzen. Gewinnen Sie auf einen Schlag viele wertvolle Stunden Freizeit oder Zeit für Ihre Familie – indem Sie *nichts* tun. Indem Sie sich *nicht* mehr von Ansprüchen und Bedürfnissen anderer vereinnahmen lassen.

Lassen Sie sich nicht stören!

Schotten Sie sich von Störungen ab, und entscheiden Sie bewusst, für wen Sie wann erreichbar sind. Ihr Gewinn: *Sie sparen mindestens 60 Prozent Ihrer Zeit.* Störungen reißen Sie aus einer Tätigkeit heraus. Sie verlieren die Zeit, die die Störung dauert (z. B. Telefonat). Sie brauchen eine zusätzliche Anlaufs- und Einarbeitungszeit (in der Regel zwei bis drei Minuten, um den »Faden zu finden und wieder aufzunehmen«), und Ihre Konzentration lässt rapide nach. Besonders bei Kindern haben selbst kleine Störungen große Wirkungen. Sie müssen nach der Störung die Situation retten (z. B. wenn Sie Ihr Kleinkind mit dem Essen »stehen« lassen, dann fühlt es sich zurückgesetzt, wird nörgelig, will nicht mehr essen) oder die Auswirkungen Ihrer Abwesenheit beseitigen (Ihr Kind hat in der Zwischenzeit das Essen über sich selbst, den Tisch und den Boden verteilt). Allein die Leistungsverluste kosten rund 28 Prozent Ihrer Zeit. Die Arbeiten, um den Zustand *vor* der Störung wieder herzustellen, verschlingen manchmal zusätzlich leicht das Doppelte.

Natürlich reißen gerade Kinder ihre Eltern häufig aus einer Aufgabe heraus. Sie sorgen dafür, dass Sie Ihre geplanten Arbeiten nicht anfangen, fortführen oder zu Ende bringen können. Halten Sie sich jedoch vor Augen: Kinder sind keine Störung, Kinder sind Ihre Lebensaufgabe. Und es gibt eine Menge Lösungsvorschläge, wie Sie den Kindern *und* Ihren Anforderungen im Haushalt gerecht werden können.

Beispielsweise:

- Aufräum-Blöcke bilden und das Kind in dieser Zeit betreuen lassen.
- Das Kind an *kurze* Aufräumzeiten gewöhnen: zehn Minuten aufräumen und als Belohnung zusammen spielen.
- Prioritäten ändern.
- »Arbeiten und die Kinder zu einer Betreuung bringen« sagt Nadja, 35, Mutter von Jutta, 9, Angelina, 3, und Andreas, 1. Der Vorteil: Wenn Sie (und die Kinder) nicht zu Hause sind, machen Sie (und die Kinder) keine Unordnung und müssen nicht verpflegt werden. Das Ergebnis: Sie brauchen nicht so häufig aufzuräumen, mittags nicht zu kochen, sparen sich Zeit fürs Einkaufen etc.

Lassen Sie sich nicht bestehlen!

In vielen Fällen wächst sich eine zunächst harmlose Störung zu einem gefräßigen Zeitdieb aus. Das Problem: Die Zeit, die Sie dem Zeitdieb mitgeben, fehlt Ihnen für Ihre eigentlichen Aufgaben. Sie müssen die Ihnen wichtige Arbeit vertagen – und je öfter Sie notwendige Angelegenheiten vor sich herschieben, desto unzufriedener werden Sie.

Dabei gehören zur gestohlenen Zeit immer zwei dazu: Der, der sie nimmt und derjenige, der sie sich nehmen lässt. Vor allem Frauen sind anfällig dafür, sich ihre Zeit abluchsen zu lassen: Sie können sich schlechter abgrenzen, und weil sie gerne über persönliche Dinge und Alltagskram reden, geraten sie schnell in die Versuchung, in Störungen und Gesprächen zu versinken – und damit eigenhändig ihre Zeitplanung zu sabotieren. Natürlich gehört Smalltalk zu einem geselligen Leben dazu. Ablenkungen können vergnüglich sein, und Trödeln und Tagträumen kann Energie bringen. Wichtig ist jedoch, dass das Verhältnis stimmt, und dass *Sie* festlegen, wann Sie Augenblicke der Entspannung und Kontakte haben wollen. Wenn Sie Ihr Pensum als Familien-Boss schaffen wollen, dann planen Sie künftig diese Zeit (z. B. zehn Minuten plaudern im Supermarkt) ein – dann fehlen Ihnen diese Minuten später nicht.

Fühlen Sie sich nicht wertlos!

Jeder Mensch ist wertvoll. Denken Sie einmal darüber nach, was Ihnen eine Stunde Ihrer persönlichen Lebenszeit wert ist. Und rechnen Sie dann aus, welches »Kapital« ein Zeitdieb mitnimmt oder eine Zeitfalle schluckt (Beispiele für Zeitfallen finden Sie am Ende dieses Buches in der hinteren Klappe). Bedenken Sie diesen Stundensatz, wenn Sie künftig mal wieder auf der Suche nach Schnäppchen sind, aber auch wenn Sie Termine wahrnehmen, die Ihnen wirklich keinen Spaß machen. Wie viel »Lebens-Geld« kostet Sie ein langweiliger, zweitündiger Vereinsabend?

Achten Sie nicht auf andere!

Gewinnen Sie wertvolle Lebensstunden und pfeifen Sie auf die Meinung anderer. Tun Sie das, was Ihnen *wirklich* wichtig ist (→ Prioritäten, S. 57), und vergeuden Sie Ihre wertvolle Lebenszeit nicht damit, den Ansprüchen anderer zu genügen. Unterwerfen Sie sich weder dem Konsumterror im Bekanntenkreis noch der heilen Scheinwelt in den Medien. Umgeben Sie sich mit Leuten, die wie Sie denken, die Sie so mögen, wie Sie sind und die sich mit Ihnen auch über Erfolge freuen können. Meiden Sie Neider, vor denen Sie sich rechtfertigen »müssen« oder halten Sie sich vor Augen: Mitleid bekommt man umsonst. Neid muss man sich hart erarbeiten.

Gut geplant
ist schon gewonnen

Gewinnen Sie täglich bis zu zwei Stunden Freizeit, indem Sie künftig Ihr Leben Tag für Tag planen. Lassen Sie sich nicht mehr »von dem, was kommt« überrollen, sondern setzen Sie Ihre Zeit bewusst ein. Keine Angst – das geht ganz schnell. Nehmen Sie sich täglich fünf bis maximal zehn Minuten Zeit, den morgigen Tag zu strukturieren, und sparen Sie damit bis zu zwei Stunden. Machen Sie sich die Freude, Ihre Tage mit einem wertvollen und ansprechenden Kalender zu planen. Ihre Zeit ist kostbar, und Sie beweisen sich selbst gegenüber mit einem edlen Planer Wertschätzung. Außerdem wird sich Ihr Unterbewusstsein sträuben, wenn Sie das wertvolle Utensil mit unwichtigen Terminen füllen wollen.

Planen Sie schriftlich, das ist besser als Zeitpläne, die Sie nur im Kopf haben. Am leichtesten tun Sie sich, wenn Sie einen Kalender benutzen, der pro Tag eine Seite mit Uhrzeitangaben hat. Entlasten Sie Ihren Alltag, indem Sie tageweise wie folgt damit arbeiten:

1. Tragen Sie zunächst alle Eckdaten und deren Dauer ein, die Ihren Tagesablauf bestimmen (Frühstück, Kinder müssen aus dem Haus, Kinder holen, etc.).
2. Tragen Sie feste Termine (Sport, Klavierstunde, Job) und deren Dauer ein, und zwar die von Ihnen und die von anderen Familienmitgliedern, die Sie betreffen.

TIPP

→ Egal ob Sie eher systematisch oder eher desorganisiert sind: Planen Sie nur die wirklich wichtigen Termine ein. Wenn Sie zu viel planen, lähmen Sie sich und können am Ende keinen Atemzug mehr ohne Termin machen. Ein Minimum an Planung jedoch bewirkt, dass Sie das richtige Timing haben und z. B. als »Chaot« weniger häusliche Krisen hervorrufen und den Kopf frei haben für wichtige Dinge.

3 Notieren Sie jeweils eventuell nötige Fahrzeiten und planen Sie Pufferzeiten (→ S. 44) für Störungen ein.
Schon jetzt sehen Sie auf einen Blick, wie vollgepackt ein Tag allein durch strukturelle Vorgaben und regelmäßige Termine ist. Haben Sie heute noch Platz für weitere Aufgaben, z. B. im Haushalt oder für Verabredungen? Ja?

4 Dann tragen Sie Zeiten für Hausarbeit in Ihren Kalender ein. Reservieren Sie sich morgens Zeit für den 20-Minuten-Morgenlauf (→ S. 53), und denken Sie rechtzeitig an Stunden für größere Aktivitäten im oder am Haus. Erledigen Sie regelmäßig nötige Arbeiten (Putzen, Waschen, Bügeln) im Wochenrhythmus (→ S. 55), und halten Sie sich so den Rücken frei von anderen Aktivitäten. Sie erinnern sich: Zeit hat man nicht, man nimmt sie sich. Wenn Sie Hausarbeit nicht gerne terminieren wollen, dann beachten Sie bitte: Je weniger »Haushalts-Pflichttermine« Sie im Kalender eintragen, desto mehr »Frei-Raum« müssen Sie zwischen Ihren anderen Aktivitäten lassen, damit zu Hause nicht alles liegen bleibt.

5 Planen Sie auch Spaß-Termine ein und Momente der Erholung. Diese persönlichen Auszeiten (→ S. 46) bringen Ihnen die Energie, die Sie benötigen, um Ihren Alltag leichter zu bewältigen.

6 Notieren Sie auf Ihrem Kalenderblatt auch, wen Sie anrufen wollen oder was Sie besorgen müssen (→ To-do-Liste, S. 49). Dann haben Sie alles Wichtige an diesem Tag auf einen Blick und verlieren sich nicht in einer »Zettelwirtschaft«. Sparen Sie sich hier Zeit mit kopierten Einkaufslisten, auf denen Ihre häufig gekauften frischen Lebensmittel, Grundnahrungsmittel sowie Putz- und Körperpflegemittel stehen. Geht etwas zur Neige, kann jedes Familienmitglied die benötigte Menge eintragen. Vor dem Einkauf ergänzen Sie die Liste oder das Mind Map um weitere Produkte und gehen mit diesem Zettel los. Das garantiert Ihnen, nichts zu vergessen, und Sie sparen die Zeit, eine Einkaufsliste schreiben zu müssen.

Mal ehrlich: in Stress geraten wir doch nur deshalb, weil wir unsere Tage viel zu voll packen. Im Prinzip haben wir nicht zu wenig Zeit, sondern zu viele Aktivitäten. Wenn Sie mit Papier und Stift planen, dann erkennen Sie frühzeitig, ob das Pensum zu schaffen ist, an welchen Tagen oder zu welchen Tageszeiten es eng wird und können *rechtzeitig* gegensteuern. Und zwar, indem Sie weniger wichtige Aufgaben verschieben, Unterstützung organisieren und Aktivitäten oder Termine streichen.

Weniger ist mehr...

Eine Grundregel der Zeitplanung besagt, dass Sie im familiären Alltag nur 50 Prozent Ihrer Zeit verplanen sollten. Je kleiner die Kinder sind, desto mehr Pufferzeiten sind nötig, um Stress zu vermeiden. Sie brauchen Zeitpuffer für

- Bedürfnisse wichtiger Menschen (Kinder),
- unvorhergesehene Ereignisse (Unfall, Stau, Wartezeiten),
- Krankheit (Sie, Partner, Kinder),
- eigene Bedürfnisse (Müdigkeit),
- Störungen und Zeitfallen.

Gestalten Sie Ihre Tages- und Wochenpläne luftig, damit Sie besser schaffen, was Sie schaffen wollen. Stress entsteht nicht durch einen arbeitsreichen Tag. Im Gegenteil: Ein gewisses Maß an Termindruck und Stress kann uns beflügeln und mehr Energie freisetzen, als wir an ereignislosen Tagen erleben. Wenn wir aber nicht das schaffen, was wir uns vorgenommen haben, dann erleben wir negativen Stress (auch aufgrund unseres schlechten Gewissens) und sind unzufrieden. Planen Sie deshalb Ihre Tage in drei Blöcken:

- ca. 50 Prozent für geplante Aktivitäten (Tagesplan)
- ca. 30 Prozent für Störungen und Unerwartetes (Pufferzeiten)
- ca. 20 Prozent für Spontanes oder Trödeln (Kreativpausen)

ERFAHRUNG

Conny arbeitet freiberuflich im Vertrieb eines Pharma-Konzerns. »Morgen schreibe ich alle 17 überfälligen Kunden-Berichte und mache telefonisch neue Kunden-Termine«, plant sie euphorisch. Dauer: pro Bericht 30 Minuten, Telefonate ca. 90 Minuten (wichtig!). Als sie ihren Tag strukturiert, zeigt sich: Von fünf Stunden im Home-Office bleiben nach den Telefonaten 3,5 Stunden – also Zeit für maximal sieben Berichte. Ernüchtert reduziert sie ihr Tagesziel und notiert: 4 Berichte schreiben, 1,5 h lang Kunden anrufen, wenig stören lassen!

Wie viele Termine sind gut für Sie?

Wer im Einklang mit seinem inneren Takt lebt, ist leistungsfähiger, gesünder und zufriedener. Das ist schwierig in einer Gesellschaft, die so extrem schnell geworden ist und in der coole Überflieger »in« sind. Gerade Menschen, die eher gemächlich sind, und denen schon wenige Termine in der Woche zu viel sind, fühlen sich vom äußeren Tempo schnell überfordert. Aber selbst für »schnelle« Menschen, die viele Aktivitäten brauchen, um sich wohl zu fühlen, ist die heutige Hochgeschwindigkeitsgesellschaft ziemlich stressig.

Die Psychologin Ursula Nuber unterscheidet in ihrem Buch »Die neue Leichtigkeit des Seins« anhand eines Tests die Rhythmus-Typen Wiesel, Katze und Schildkröte.

Als **Wiesel** leben Sie zukunftsorientiert. Leistung und Effektivität sind für Sie hohe Werte. Sie haben keine Zeit zu verschenken und gehören deshalb mit hoher Wahrscheinlichkeit zu den Leuten, die möglichst viele Dinge gleichzeitig erledigen wollen.

Als **Katze** haben Sie eine »mediterrane« Lebenseinstellung. Sie können sehr aktiv sein, beherrschen aber auch die Kunst der Faulheit – für die Ihnen die äußeren Taktgeber leider zu wenig Spielraum lassen. Sie werden häufiger zu Aktivitäten getrieben, als es Ihrem Rhythmus entspricht.

Als **Schildkröte** leiden Sie sehr unter dem Stress und der Hektik, die Ihr Umfeld ausstrahlt. Sie brauchen einen viel langsameren Takt.

Erkennen Sie, welcher Rhythmus-Typ Sie sind und versuchen Sie, Ihren inneren Takt mit dem äußeren in Einklang zu bringen, indem Sie Prioritäten setzen (→ S. 57) und »Nein-Sagen« (→ S. 65) lernen.

Persönliche Auszeiten

Planen Sie im Block »Tagesplan« auch Stopps ein, in denen Sie auftanken. Vertrauen Sie nicht darauf, dass irgendwo schon ein paar Minuten oder Stunden für Sie persönlich abfallen. Das passiert meistens nicht, und im Alltagsstress bleiben Sie dann auf der Strecke. Bauen Sie Ihre »Tankstellen« in Ihren Tages- oder Wochenablauf ein – am besten als »Termin mit sich selbst«: Gönnen Sie sich einen Power-Nap nach dem Mittagessen, wenn Ihre Kinder schlafen, oder führen Sie eine »Ruhe-Zeit« ein, in der die Kinder sich mit sich selbst beschäftigen. Tanken Sie Kraft, indem Sie Ihre Energiebahnen schließen. Legen Sie sich dazu ausgestreckt auf den Rücken und legen Sie Ihre Fußknöchel über Kreuz. Falten Sie die Hände über dem Bauch, unterhalb des Bauchnabels. Schon zehn Minuten regungslosen Liegens bringen einen deutlichen Erholungseffekt. Bleiben Sie konsequent – neue Gewohnheiten brauchen drei bis sechs Wochen, um sich einzuspielen.

Richten Sie freie Abende ein, an denen die Familie ohne Sie auskommt. Wenn Ihr Partner unregelmäßige Arbeitszeiten hat und Sie deshalb immer wieder verzichten müssen, dann gönnen Sie sich einen Babysitter oder sprechen Sie sich mit den Nachbarn ab (Babyphon, »Wechsel-Schicht«). Gestehen Sie auch Ihrem Partner einen freien Abend zu.

- Planen Sie hin und wieder ein ganzes Wochenende alleine und ein anderes mit Ihrem Partner ein. Das tut Ihnen und Ihrer Beziehung gut und die Kinder genießen ihr »Urlaubswochenende« ohne Eltern. Fangen Sie mit solchen Auszeiten so früh wie möglich an. Wenn Ihre Kinder daran gewöhnt sind, dass Sie hin und wieder alleine losziehen, dann ist das Routine. Und die Abfahrt geht mit ein paar kleinen Abschiedstränen schnell über die Bühne.
- Machen Sie Ihre Wohnung zum Wellness-Tempel, und tanken Sie hier Kraft und Energie. Statt sich vom Fernseher berieseln zu lassen, gönnen Sie sich ein Rundum-Verwöhnprogramm in der Badewanne, eine Gesichtsmaske und Stretching- oder Yoga-Übungen. Oder gehen Sie doch einfach mal wieder um 20 Uhr ins Bett. Das wirkt Wunder!

Wartezeiten sinnvoll nutzen

Sie können das Tempo unserer Hochgeschwindigkeitsgesellschaft nicht ändern, aber Sie können Ihr eigenes Tempo drosseln. Experten raten, sich jeden Tag bewusst hinzusetzen und nichts zu tun. Mit Recht wenden Sie jetzt ein, dass Sie gar keine Zeit haben, sich mal hängen zu lassen. Das kann aber auch daran liegen, dass Sie solche Zeiten bislang nicht erkannt haben. Achten Sie einmal darauf, wie viel Leerlauf an einem Tag entsteht. Zeit, die Sie in der Post anstehen, bis Sie an der Reihe sind. Wartezeiten beim Arzt, Friseur oder beim TÜV. Wartezeiten auf die Kinder, die gerade beim Ballett oder beim Schwimmtraining sind, und ihren »Chauffeur« vor der Türe sitzen haben. Oder an einer roten Ampel. Ärgern Sie sich künftig nicht mehr über die unfreiwillige Zeitverschwendung, sondern nutzen Sie die Zeit aktiv zum Entspannen.

→ Tragen Sie immer ein Taschenbuch bei sich, in dem Sie zwischendrin ein paar Seiten lesen können. Nutzen Sie ein Post-it als Lesezeichen, das Sie auch mitten in die Seite kleben können. Oder hören Sie ein Audio-Buch.

- Spielen Sie bei gemeinsamen Wartezeiten mit Kindern *bewusst* mit den Kleinen. Ob Sie im eigenen Wohnzimmer sitzen oder im Wartezimmer beim Arzt ist doch egal, oder?
- Machen Sie öfter mal einen Bummel in der Sonne, um die Zeit zwischen zwei Terminen zu überbrücken.
- Atmen Sie tief ein und aus, machen Sie (z. B. an der roten Ampel) Beckenboden-Übungen. Das aktiviert.
- Hängen Sie Ihren Tagträumen nach.

Entschleunigen Sie Ihr Leben

Die Menschen verlieren die meiste Zeit damit, dass sie Zeit gewinnen wollen. Oftmals jedoch können wir mit ganz einfachen Mitteln unser Zeiterleben »strecken«. Besiegen Sie die »Hetzkrankheit«, und nehmen Sie doch einfach mal Ihre Uhr ab. Oder kaufen Sie sich eine Uhr mit nur einem Zeiger (z. B. eine UNO des Designers Klaus Botta), das stoppt das sekundengenaue Planen und Timen. Erleben Sie Ihren Tagesablauf bewusst. Schauen Sie Dinge um sich herum einmal fünf Sekunden lang an, beispielsweise beim Spazierengehen oder als Beifahrer im Auto. Wissenschaftler haben entdeckt, dass die leicht verlängerte Phase des Schauens die Lebensqualität spürbar steigert. Machen Sie Schluss mit Multi-Tasking. Genießen Sie freudige Momente ganz bewusst, und gehen Sie nicht sofort zur Tagesordnung über.

Tauschen Sie im Gespräch mit sich selbst und mit anderen die Formulierung »Ich muss« gegen »Ich will« oder »Ich kann«. In vielen Fällen »müssen« Sie nämlich gar nicht, aber das Wort suggeriert Ihnen eine extreme Fremdbestimmung – und gegen die wehrt sich Ihr Unterbewusstsein.

Kreative Tages- und Wochenpläne für alle

Desorganisierte Menschen haben mit Listen und Plänen ihre liebe Not. Die Überlegung, was zu tun ist, artet bei Ihnen in ein Brainstorming aller möglichen Aktivitäten in Haushalt, Hobby, Familie und Job aus, und sie kritzeln ihre Ideen auf alles, was greifbar ist (alte Kuverts, den Rand einer Zeitung). Leider gehen in der Zettelwirtschaft viele ihrer guten Ideen verloren.

Mit einem ganzheitlichen Hilfsmittel, nämlich dem MindMap, können sich die »Chaoten«, aber auch die systematischen Menschen das Planen und Ideensammeln erleichtern. MindMaps regen zum Brainstorming an und zwingen Sie dabei nicht in ein starres Korsett. Außerdem ist der »Aktivitäten-Baum« jederzeit leicht zu ergänzen und das entstandene Bild spricht alle Sinne an. Das hilft beiden Informationsverarbeitern, an alles zu denken, was zu tun ist.

Wenn Sie lieber mit Kalenderblättern arbeiten, können Sie auch hier alle Sinne ansprechen. Arbeiten Sie darin mit (farbigen) Post-its oder Klebepunkten für die verschiedenen Termine (oder Personen) oder mit farbigen Stiften. Markieren Sie z. B. Termine mit einem längeren Anfahrtsweg grün (dann planen Sie automatisch Zeit für den Weg ein); Verpflichtungen, zu denen Sie pünktlich sein müssen, rot; Verabredungen, zu denen Sie zu spät kommen dürfen, pink und Ihre Vergnügungstermine leuchtend gelb. Das bringt im wahrsten Sinne des Wortes mehr Farbe (= mehr Freude) in Ihre Planung und damit in Ihr Leben. Wechseln Sie ruhig häufig die »Ausschmückungen«, dann wird es nicht so schnell langweilig, und Sie bleiben länger bei dem gewählten System.

Es lohnt sich, denn so machen Sie den Kopf frei für wirklich wichtige Dinge. Außerdem hat Schriftliches einen bindenden Charakter. Und: Abends können Sie sich dann darüber freuen, was Sie alles geschafft haben und ein befriedigendes Häkchen machen.

Beispiel

Hier sehen Sie ein Beispiel für die Terminplanung mit einem Mind-Map. Probieren Sie gerade als »Kreativer« diese Art der Planung mal aus und zeigen Sie sie auch Ihren (älteren) Kindern. Benutzen Sie viele verschiedene Farben, die Sie ansprechen oder für eine bestimmte Art von Termin stehen (grün für Wege, rot für Dringendes, blau für…).

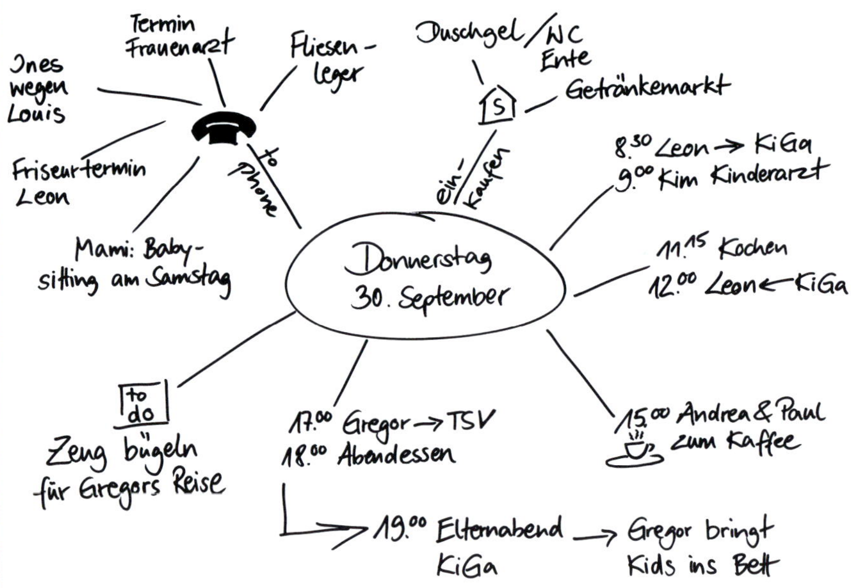

Familienkalender – Planen Sie gemeinschaftlich

Besprechen Sie mit Ihrer Familie an jedem Abend, was für den kommenden Tag ansteht. Wer muss früher als üblich weg, wer kommt später heim? Welche Termine müssen wahrgenommen werden? Wer kommt wie zu seinen Verabredungen? (Haben Sie einen Fahrdienst organisiert?) Erwarten Sie Besuch oder werden Ihre Kinder Freunde mit nach Hause bringen? Ist für die Schule oder den Kindergarten etwas Außergewöhnliches geplant, das anderer Kleidung oder Ähnlichem bedarf? Wer braucht noch was (Geld, Fahrkarte)? Fragen Sie unbedingt auch nach Terminen der folgenden Tage. Alle Ereignisse, von denen Sie *vorher* wissen, können Sie nicht mehr überrollen. Und das reduziert automatisch Ihren Stress.

Notieren Sie die Termine aller Familienmitglieder in einem Familienplaner, der an einer zentralen Stelle in der Wohnung hängt oder liegt. Sobald jemand einen Termin weiß, trägt er ihn ein bzw. die Eltern erledigen dies nach dem abendlichen Gespräch. So sehen alle Familienmitglieder, was ansteht und können sich darauf einstellen. Je bunter und flexibler so ein Planer ist, desto besser passt er für Kreative und Kinder.

Manche Familien haben deshalb eine Aktionswand aufgehängt, auf der mit wasserfestem Stift ein Minimum an Struktur (Wochentage, feste Termine) eingetragen ist. Alle Familienmitglieder tragen farbige Post-it-Zettel bei sich. Unterwegs notieren sie fällige Aufgaben und Termine auf die Post-its und kleben diese zu Hause auf die Aktionswand. Hat sich der Termin erledigt, zupfen Sie das Zettelchen ab und knüllen es ins Altpapier. Dieses flexible System macht die Tages- und Wochenplanung spielerisch und entspricht dem Bedürfnis der ganzheitlichen Denker, schnell etwas ändern zu können. Und natürlich können Sie nach diesem Prinzip auch Arbeiten im Haushalt verteilen (→ S. 69).

Gewohnheiten schaffen

Rituale und Routinen machen das Alltagsleben überschaubar und einfacher. Das heißt nicht, dass Sie künftig alles verplanen und automatisch Ihren Tag abspulen. Im Gegenteil. Schaffen Sie sich mehr Zeit für schöne Dinge, und nutzen Sie die Kraft von Routinen zu Tageszeiten und in bestimmten Situationen, in denen es für Sie Sinn macht, denn Gewohnheiten erleichtern Ihr Leben in vielfacher Hinsicht:

- ROUTINEN MACHEN DEN KOPF FREIER. Alltägliche Handgriffe und Termine erledigen Sie »automatisch«. Somit entlasten Sie Ihr Gehirn, das sich mit wichtigeren Dingen beschäftigen kann.
- ROUTINEN VERGESSEN SIE NICHT. Wer täglich nach dem Frühstück seine Zähne putzt, kann es nicht vergessen.
- ROUTINEN SETZEN ENERGIE FREI. Dinge, die Sie geschafft haben, bringen Ihnen einen positiven Schub.
- ROUTINEN VEREINFACHEN DAS MITEINANDER. Wenn die Familie weiß, dass am Donnerstag Einkaufstag ist, dann werden sich alle daran gewöhnen, spezielle Wünsche bis dahin zu äußern.
- ROUTINEN SPAREN ZEIT. Feste Zeiten, zu denen Ihre Kinder betreut werden sollen, ersparen Ihnen, dass Sie jede Woche neu mit Babysitter oder Oma um Termine ringen müssen.
- ROUTINEN GEBEN KINDERN HALT UND ORIENTIERUNG. Alles, was zum normalen Ablauf gehört, akzeptieren die Kleinen meistens ohne Protest. Sie sparen sich Diskussionen und damit Zeit. In vielen Familien läuft z. B. jeder Abend gleich ab und läutet so das Tagesende ein: Sandmännchen anschauen, essen, fertig machen, ins Bett gehen. Dieses Abendritual erleichtert den Eltern das Zubettbringen, und die Kinder gehen ohne Murren schlafen.

Tägliche Gewohnheiten

Gewöhnen Sie sich tägliche Rituale an, und erledigen Sie beispielsweise Ihre Alltagsarbeiten schneller und besser auf der Grundlage Ihres Biorhythmus.

Besonders viel bringen Gewohnheiten im Umgang mit Ihrem Besitz. Machen Sie deshalb täglich einen »kleinen Schritt« und schaffen Sie nahezu nebenbei in Ihrem Haus eine hohe Grundordnung. Entrümpeln, sortieren und beschriften Sie jeden Tag eine Kleinigkeit, geben Sie jedem Ding seinen Platz und lernen Sie aufzuräumen, bevor ein richtiges Chaos ausbricht (→ S. 88).

2

Der 20-Minuten-Morgenlauf

Sorgen Sie mit einer (neuen) täglichen Gewohnheit dafür, dass Sie künftig schon morgens ein vorzeigbares Haus haben und sich als tüchtiger und erfolgreicher Familien-Manager fühlen. Nehmen Sie einfach den 20-Minuten-Morgenlauf in Ihren Tagesplan auf, und halten Sie in wenigen Minuten und mit wenigen Handgriffen den ordentlichen Zustand Ihres Heimes aufrecht.

Es lohnt sich, denn ohne die morgendliche Wirbelrunde fühlen Sie sich vor unangemeldetem Besuch oder dem Postboten, der durch die Türe

ERFAHRUNG

Paula, 54, Hausfrau, *hat morgens ihre aktive Phase. Sie steht um 6 Uhr auf, räumt im Haus auf, kocht für Mittag- und Abendessen vor, backt Kuchen, erledigt Arbeiten im Home-Office. Damit hat sie frühzeitig »frei«, um Rad zu fahren oder in Ruhe mit ihren Enkelkindern zu spielen.*

das Chaos sieht, als schlechter Familien-Boss, der seinen »Laden« nicht im Griff hat. Wenn Sie ohne 20-Minuten-Morgenlauf aus dem Haus gehen, dann vertrödeln Sie Zeit beim Heimkommen, weil Sie sich vor dem Tohuwabohu drücken wollen und Ihnen daheim die Unordnung entgegen schreit: »Du kriegst den Haushalt nicht auf die Reihe.«

Absolvieren Sie den 20-Minuten-Morgenlauf jeden Tag, bevor Sie andere Aufgaben anpacken oder bevor Sie das Haus verlassen. Damit produzieren Sie ein gutes Gefühl, das den ganzen Tag anhalten kann.

Grundregeln für den 20-Minuten-Morgenlauf:

- Nehmen Sie sich für jeden Raum maximal fünf Minuten Zeit.
- Arbeiten Sie »von oben nach unten« oder »von vorne nach hinten« (von der Haustür weg in die Tiefen der Wohnung – nach dem Motto: Was sieht ein Besucher zuerst?).
- Die Küche gehört nicht zum 20-Minuten-Morgenlauf und bekommt zusätzliche 10 bis 15 Minuten.

TIPP

→ Ist Ihnen ein 20-Minuten-Block zu lange, dann machen Sie »kleine Schritte« in den Zimmern, in denen Sie während des morgendlichen Fertigmachens sowieso gerade sind. Nach dem Aufstehen machen Sie sofort das Bett und hängen nicht benötigte Kleidung auf. Nach der Morgentoilette räumen Sie drei Minuten lang im Bad auf. Sind die Kinder angezogen, verschwinden Kleidung und Spielzeug im Schrank, bevor Sie gemeinsam frühstücken.

Ablauf des 20-Minuten-Morgenlaufs:

1. Räumen Sie herumliegende Spielsachen, Kleidung etc. in die Schränke oder Regale. Hängen Sie z. B. Handtücher auf. Werfen Sie Abfall weg. Sammeln Sie Schmutzwäsche ein. Machen Sie die Betten.
2. Wischen Sie verschmutzte Tische oder Waschbecken mit einem feuchten Lappen ab.
3. Putzen Sie nicht zu gründlich. Wenn

Sie sehen, dass der Boden gewischt oder die Dusche entkalkt werden muss, dann notieren Sie es auf Ihrer To-do-Liste, und vertrösten Sie Perfektus auf später.

Der 20-Minuten-Morgenlauf reicht völlig aus, um Ihr Haus optisch ordentlich wirken zu lassen und geht umso schneller, je höher die Grundordnung (→ S. 83) in Ihrem Haus ist. Nehmen Sie es sportlich, legen Sie Musik auf, singen Sie mit, machen Sie ein paar Stepeinlagen an der Treppe. Zünden Sie eine Duftlampe mit Orangen-Aroma an – das hebt die Stimmung.

TIPP

→ Auch kleine Kinder können lernen, dass Sie nach dem Frühstück für Ordnung sorgen. Nach einer Eingewöhnungszeit akzeptieren sie, dass sie sich einen Moment alleine beschäftigen oder »mithelfen« (je nachdem, wie es Ihnen am besten passt) und die Eltern nach der Wirbelrunde wieder Zeit zum Spielen haben.

Wöchentliche Gewohnheiten

Planen Sie Arbeiten, die für einen reibungslosen Ablauf im Alltag nötig sind, wochenweise, und schaffen Sie sich auch dabei Routinen: z. B. Montagvormittag einkaufen, Donnerstagabend Wäsche waschen und trocknen, Freitagvormittag Großputz machen und bügeln. Solche »Verabredungen«, die Sie in Ihrem Terminkalender eintragen, entlasten Sie emotional erheblich. Die Berge an Schmutzwäsche oder die Drecktapser im Flur verderben Ihnen nicht jeden Tag die Stimmung, weil Sie sagen können: »Seid ruhig, ihr seid am Donnerstag und Freitag dran.« Außerdem erleichtern sie die Koordination mit anderen Terminen und verhindern, dass Routinetätigkeiten endlos liegen bleiben, weil immer etwas dringender war.

Das heißt natürlich nicht, dass Sie sich stur an das einmal erstellte Schema halten sollen. Wenn sich Ihr Putz-Vormittag mit einem anderen wichtigen(!) Termin oder einem schönen Spaß-Termin (z. B. Einladung zum Brunch) überschneidet, dann setzen Sie Prioritäten. Machen Sie sich – besonders als systematischer Mensch – nicht zum Sklaven Ihrer eigenen Planung, und reduzieren Sie lieber die Anzahl Ihrer »Termine«. Nutzen Sie besonders als desorganisierter Mensch, der sich gerne von der Arbeit abhalten lässt, *bewusst* die Kraft von Routinen. Erfinden Sie Ihre Routinen immer wieder neu, wechseln Sie öfter die Kulisse und die Requisiten: Erledigen Sie ortsungebundene Arbeiten (nähen, Gemüse schnipseln) mal hier, mal dort, und kaufen Sie regelmäßig neues, funktionales, interessantes oder hübsches Zubehör, mit dem Sie anders arbeiten als bisher.

> Was immer es auch kostet, Sie beim Ordnungschaffen tatkräftig bei Laune zu halten: Es ist den Preis wert.
>
> [Ann McGee-Cooper]

Blöcke bilden

Steigern Sie Ihre persönliche Produktivität um bis zu 50 Prozent, indem Sie gleiche Aufgaben in Rubriken (einkaufen, anrufen, erledigen, putzen) Ihrer To-do-Listen zusammenfassen und in Blöcken abarbeiten:

- Sie sparen Wegezeiten, wenn Sie z. B. Erledigungen verbinden.
- Sie haben alle Utensilien bereit und sind auf die Aufgabe eingestimmt.
- Sie können den Block auf einen Ihnen passenden Zeitpunkt legen und

die organisatorische Voraussetzung für ungestörte Momente schaffen (Kinder betreuen lassen).

→ Sie räumen nur einmal das »Werkzeug« (z. B. Putzzeug, Computer) her und wieder weg.

Als Block gilt auch, wenn Sie Arbeiten »verzahnen« und vorausschauend agieren. Wenn Sie z. B. Vorräte aus dem Keller holen, dann können Sie ohne großen zusätzlichen Zeitaufwand die Waschmaschine füllen. Machen Sie allerdings Schluss mit Multi-Tasking. Wer viel zu tun hat, tendiert dazu, mehrere (anspruchsvolle) Tätigkeiten gleichzeitig zu machen: z. B. das Kind zu füttern und dabei zu telefonieren oder Badesachen einzupacken und gleichzeitig fernzusehen. Weil aber beide Tätigkeiten Ihre Konzentration erfordern, machen Sie keine der Arbeiten gut. Sie brauchen mehr Zeit und erhöhen das Gefühl von Stress. Besonders die zum Chaos neigenden Menschen lieben zweigleisiges Arbeiten, aber auch sie arbeiten dann nicht wirklich effektiv.

Setzen Sie lieber klare Prioritäten, und arbeiten Sie Aufgaben, die Aufmerksamkeit erfordern, *nacheinander* ab. Zum Ausgleich können Sie sich Tätigkeiten suchen, die sich wirklich gut kombinieren lassen, und Ihre Effektivität sogar steigern: z. B. bügeln und Radio hören, Auto fahren und dabei einem Hörbuch lauschen.

Prioritäten setzen

Sie wollen Ihren Job als Familien-Manager und Ihre anderen Rollen als Ehepartner, Freundin, Mitglied einer Gemeinde etc. gut machen. Doch wer immer für alle da sein und alles perfekt machen möchte, gerät leicht in einen Strudel hinein, der einen in die Tiefe zieht. Grei-

TIPP

→ Wenn Sie gerade ein Baby bekommen haben, dann hat Ihr Kind in den kommenden Wochen die erste Priorität. Machen Sie sich keinen Stress, Ihren anderen Rollen gerecht werden zu wollen. Igeln Sie sich zu Hause ein – es heißt nicht umsonst sechs Wochen Wochen*bett*. Vergessen Sie Ihre eigenen Erwartungen, die Sie vor der Geburt an das neue Familienleben hatten, und die Erwartungen der anderen. Reduzieren Sie Ihre Rolle als Gastgeber beim Babywatching. Lassen Sie den Besuch Essen oder Kuchen mitbringen und anschließend beim Aufräumen helfen. Sie werden sehen, die meisten machen das gerne.

fen Sie nach dem Rettungsring, der Sie nach oben bringt. Dieser Rettungsring ist die Frage: Was ist mir momentan wirklich wichtig?

Es geht nicht darum, was *anderen* Leuten wichtig ist, sondern was *Ihnen* wichtig ist. Mögen die Nachbarn es wichtig finden, den Gartenzaun einmal im Monat mit Spülwasser und Bürste abzuschrubben, wie wichtig ist es für *Sie*? Um das herauszufinden, hilft der Blick aus der Zukunft zurück. Stellen Sie sich vor, Sie sind 65 Jahre alt und erinnern sich an die Tage, als Ihre Kinder klein waren. Was denken Sie über Ihr Leben? Glauben Sie, Sie ärgern sich dann, weil Sie nicht mehr Zeit für die Steuererklärung, das Suchen nach den Schlüsseln oder das Schrubben der Zaunlatten investiert haben? Bedenken Sie auch, dass im familiären Alltag nicht alle Aufgaben von Ihnen persönlich erledigt werden müssen. Suchen Sie sich doch die Aufgaben aus, die Ihnen wichtig sind und Spaß machen, und lassen Sie den Rest von anderen erledigen (→ Delegieren, S. 68).

Setzen Sie aber auch bei Spaß-Aktivitäten Schwerpunkte. Besonders desorganisierte Menschen arbeiten oft an »drei Dingen gleichzeitig« und verzichten ungern auf eine Möglichkeit, weil sie sonst das Gefühl hätten, etwas zu verpassen. Das führt dazu, dass sie sich verzetteln, und ihre Energie vergeuden. Es wäre also wesentlich effektiver, sich weniger vorzunehmen und somit den Freiraum für echte Kreativität und Privates zu schaffen.

»Ich will« oder »Man will«?

Nehmen Sie sich ein Blatt Papier, und schreiben Sie spontan zehn Menschen oder Tätigkeiten auf, die Ihnen im Leben wichtig sind.

Notieren Sie auf einem anderen Zettel zehn Menschen oder Tätigkeiten, denen Sie in den letzten vier Wochen tatsächlich Ihre Zeit gewidmet haben.

Was davon haben Sie aus eigener Wahl getan? Was davon taucht auf beiden Zetteln auf?

Hören Sie künftig mehr auf Ihre eigenen Wünsche, bewerten Sie Ihre eigenen Ziele und Vorstellungen höher als die Ihrer Umgebung, und versuchen Sie, weniger den Zwängen der anderen zu folgen. Bauen Sie in jeden Tag eine Aktivität ein, die Sie Ihren Zielen (→ Kapitel 1) näher bringt.

2

Der Ordnungsgrad

Sie (und Ihr Partner) haben eine Vorstellung davon, wie sauber und ordentlich es in Ihrem Haushalt sein soll. Hohe Ansprüche stressen dabei doppelt: Menschen, die erst glücklich sind, wenn auch noch die Jalousien von innen gewaschen sind, brauchen mehr Zeit, um ihren Standard aufrecht zu erhalten als Menschen, die auch mal ein paar Tage mit Zahnpasta-Spritzern am Spiegel leben können. Wenn dann noch die Wunschvorstellung, wie ordentlich ein Heim »zu sein hat«, nicht den Tatsachen (oder Ihrer Einschätzung) entspricht, dann führt das zu einem permanent schlechten Gewissen – und damit wieder zu Stress.

Legen Sie Ihre Messlatte ab sofort auf die Höhe, die Ihren *jetzigen* Lebensumständen gerecht wird. Sie *wohnen* in Ihren vier Wänden und haben keine Möbelausstellung. Pfeifen Sie auf die kritischen Blicke kinderloser Freundinnen oder der Schwiegermutter.

»Freund, wenn Du dieses Haus betrittst,
vieles nicht ganz sauber blitzt.
Du merkst, dass es hier Kinder gibt,
die man mehr als das Putzen liebt.

Da gibt es Spuren an den Wänden,
kreiert von flinken kleinen Händen.
Wir machen das mal später weg,
jetzt spielen wir zuerst Versteck.

Spielzeug liegt an jedem Ort,
doch eines Tages ist es fort.
Die Kinder sind uns nur kurz geliehen,
bis sie erwachsen von uns ziehen.

Dann wird auch alles aufgeräumt,
dann läuft der Haushalt wie erträumt.
Jetzt aber freuen wir uns an unseren Gören
und lassen uns dabei nicht stören.«

[Haustürspruch; Verfasser leider unbekannt]

Was ist mir wirklich wichtig? – Hilfe von Pareto

Entschlacken Sie Ihren Terminkalender und halten Sie Ordnung in Ihrem Haus und in Ihrem Leben mit dem Pareto-Prinzip. Der italienische Volkswissenschaftler Vilfredo Pareto entdeckte, dass sich 80 Prozent des Besitzes in den Händen von 20 Prozent der Bevölkerung befindet. Diese Gesetzmäßigkeit hat sich bis heute in vielen unterschiedlichen Bereichen bewahrheitet. Übertragen auf den familiären Alltag bedeutet das:

- 20 Prozent des Zeitaufwandes führen zu 80 Prozent des Ergebnisses, die restliche Zeit bringt nur eine kleine Steigerung. Z. B. putzen Sie in 20 Prozent der Zeit so, dass es sauber aussieht. Die restlichen 80 Prozent der Zeit wischen Sie in den Ecken und unter den Schränken – was am Ergebnis kaum etwas ändert, aber eine Menge Zeit kostet.
- Wir verbringen mit 20 Prozent unserer Bekannten 80 Prozent unserer Zeit.
- Wir tragen in 80 Prozent unserer Zeit 20 Prozent unserer Kleidung.
- 80 Prozent ihrer Lebenszeit widmen viele Menschen dafür, sich um nebensächliche Aufgaben zu kümmern. Für die wichtigen Dinge (Lebensziele) bleiben nur 20 Prozent der Zeit.

Finden Sie in Ihrem Alltag die 20 Prozent der notwendigen Arbeiten heraus, die den Eindruck des 80-prozentigen Erfolges ausmachen. Dann haben Sie gewonnen. Lernen Sie, dass Sie bestimmte Aufgaben nicht so häufig und nicht so ausführlich machen müssen und dennoch ein sichtbarer Erfolg da ist. Akzeptieren Sie, dass Sie für die meisten Menschen in Ihrem Umfeld nur 20 Prozent Ihrer »sozialen Zeit« aufwenden – und reduzieren Sie so den Stress, für alle da sein zu wollen. Entrümpeln Sie Ihren Kleiderschrank – die meisten Stücke tragen Sie doch nur selten. Überprüfen Sie regelmäßig Ihre Lebensziele (→ S. 14), und gewichten Sie Ihren Zeitaufwand im Alltag daraufhin bewusst neu.

Beziehungen

Freunde und Verwandte sind wichtig. Mit ihnen verbringen wir fröhliche Stunden und in Krisen stärken wir uns gegenseitig. Aber es gibt auch Menschen, die sehr viel Zeit binden, Menschen, die Sie als Seelen-Mülleimer missbrauchen, die nur von sich reden und sich kein bisschen für Sie interessieren und ein schlechtes Gefühl hinterlassen. Oder Menschen, denen Sie eigentlich nichts mehr zu sagen haben und mit denen Sie sich nur noch aus Pflichtgefühl treffen.

Wenn Sie das Gefühl haben (→ Einschätzung S. 38) Sie verbringen zu viel Zeit mit anderen, dann setzen Sie (in Absprache mit Ihrem Partner) Prioritäten. Treffen Sie sich ab sofort nur noch mit Menschen, mit denen Sie *gerne* Ihre Zeit verbringen. Alle anderen müssen derzeit – bis Sie wieder mehr Muße haben – eben zurückstecken. Lassen Sie Kontakte »einschlafen« oder machen Sie bewusst zwischen den Treffen größere Pausen. Biegen Sie allzu häufige Familientreffen ab, oder lassen Sie Partner und Kinder alleine hingehen. Beschränken Sie Dauertelefonate. Halten Sie bewusst immer wieder Abende und Wochenenden frei von »sozialen Pflichten«.

Hobbys und andere freiwillige Aktivitäten

Terminstress entsteht häufig, weil wir im Laufe der Jahre zu viele Aktivitäten angefangen und dafür andere nicht aufgegeben haben. Natürlich machen Hobbys, Ehrenämter und Weiterbildungen Spaß. Aber wenn Sie das Gefühl haben, Sie kommen vor lauter Terminen nicht mehr zum Leben, dann ist es an der Zeit, Prioritäten zu setzen. Wägen

Sie auch hier den Nutzen einzelner Aktivitäten gegen Ihren Einsatz dafür ab – auch im Gespräch mit Ihrem Partner, wenn er oder sie viele Verabredungen trifft: »Was bringt es mir und was kostet es mich?«

Ihre inneren Widersacher werden Ihnen vermutlich die Entscheidung schwer machen wollen, denn Blendaxius sagt: »Jeder soll doch glauben, dass Du das alles locker schaffst«, Moralus wispert: »Du kannst doch die alten Kumpels nicht im Stich lassen«, und Sklava schluchzt: »Wenn ich kein Ehrenamt mehr ausfülle, dann bin ich ja noch unwichtiger«. Auch wenn es schwer fällt: Lassen Sie sich von den Widersachern nichts einreden! Hören Sie aber nur auf sich, und sortieren Sie aus. Es muss ja nicht für immer sein.

Aktivitäten der Kinder

Unterziehen Sie auch die Aktivitäten Ihrer Kinder einem kritischen Blick. Jedes dritte deutsche Grundschulkind im Alter von acht bis elf Jahren zeigt ernsthafte Anzeichen von Stress-Erkrankungen (Kopf- oder Bauchschmerzen, Schlafstörungen). Treten Sie auf die Bremse. Zeiten zu Hause, in denen die Kinder trödeln und vor sich hinträumen können, sind für ihre Entwicklung nötig. Sie kommen zur Ruhe und entwickeln Erfindungsgeist und eigene Ideen. Vereinbaren Sie mindestens einen freien Nachmittag pro Woche, streichen oder bündeln Sie Aktivitäten. Lassen Sie in jedem Fall Ihr Kind mitentscheiden, dann wird es die neue Freizeit auch annehmen. Positiver Nebeneffekt: Auch Sie gewinnen einen freien Nachmittag, der nicht von Chauffeurdiensten und Termindruck bestimmt ist.

Detaillierte Arbeitsübersichten?

Viele Familien-Manager wollen alle anfallenden Arbeiten im und am Haus in einer Liste erfassen und daraus für sich oder die Putzfrau jeweils den aktuellen Putzplan ableiten. Wenn es Ihnen hilft, Ihren Alltag besser zu bewältigen – gut. Aber Vorsicht: Lassen Sie sich von Ihrem selbstgemachten Arbeitsplan nicht versklaven. Ein Monatsplan, der exakt auflistet, wann die Fenster geputzt, die Teppiche geklopft, das Silber poliert, die Küchenschränke ausgeputzt werden sollen, bringt Sie nur unnötig in Stress. Warum sollen Sie sich an ein Schema halten und Sachen abarbeiten, die zu diesem Zeitpunkt vielleicht gar nicht nötig sind? Julia, 37, hat sich einen Putzplan im Acht-Wochen-rhythmus erarbeitet, dessen Gerüst aus einer Zeitschrift von 1962(!) stammt. Natürlich ist dieses Pensum nicht zu schaffen, aber Julia hat dennoch ein schlechtes Gewissen. »Wenn man sich an den Plan hält, kommt man ganz gut zurecht. Ich schäme mich es zuzugeben – aber ich schaffe es nicht,« sagt sie.

Detaillierte Putzpläne bergen noch eine weitere Gefahr. Wenn Perfektus das Wort »Liste« hört, dann singt er vor Glück. Denn nichts macht ihm mehr Spaß, als perfekte Übersichten zu erstellen. Dumm nur, dass die eine Menge Zeit kosten. Deshalb schleppen viele Familien auf ihrer To-do-Liste den Punkt »Putzplan erstellen« mit sich herum – Conny, 38, beispielsweise seit dreizehn Jahren – und haben ständig ein schlechtes Gewissen, dass sie es immer noch nicht geschafft haben. Setzen Sie sich deshalb Teilziele. Erstellen Sie handschriftlich eine Übersicht für die aktuelle Woche, und fügen Sie zusätzliche Arbeiten nach und nach hinzu. Ihr Ziel ist eine perfekte handschriftliche und unsortierte Wochen-Liste. Ergänzen Sie diese Liste, bis Sie das Gefühl haben, dass alle Arbeiten darin enthalten sind, und tippen Sie sie dann ab. Denken Sie aber langfristig: Wenn Sie eine Excel-Tabelle erstellen und (z.B. für die Putzfrau) den aktuellen Wochen-Plan haben wollen, dann müssen Sie jede Woche an den Rechner, das Dokument aufmachen, sortieren und ausdrucken. Schneller geht es, wenn Sie in einer Liste die jeweils nötigen Arbeiten mit Textmarker anleuchten. Und das sieht ebenfalls sehr perfekt aus.

»Nein-Sagen« lernen

Wer Prioritäten setzt, muss automatisch andere Dinge absagen. Doch ein »Nein« kostet uns Überwindung. Besonders Frauen, die sich oft in sozialen Dingen engagieren, fällt es schwer, »Nein« zu sagen. Offenbar sind wir getrieben von der Aufgabe, es immer allen recht machen zu müssen. Wir muten uns Projekte zu, die uns nicht liegen und nehmen Termine wahr, die uns nichts bedeuten. Damit vergeuden wir jedoch wertvolle Lebenszeit und fressen unseren Frust darüber in uns rein. Ziehen Sie die Reißleine, bevor sich zu viel Groll in Ihnen aufstaut. Und die heißt »Nein«. Erkennen Sie die Fallen, die man Ihnen stellt, um ein »Ja« zu erpressen, und ziehen Sie sich mit einem klaren »Mit mir nicht« aus der Affäre.

Wenn Sie lernen, ohne Schuldgefühle »Nein« zu sagen, werden Sie plötzlich so viel Zeit haben, wie Sie es nie zu hoffen wagten. Ein einziges überzeugend ausgesprochenes »Nein« spart Ihnen mehr Zeit als ausgefeilte Pläne, teure Haushaltsmaschinen oder schnelleres Arbeiten zusammen. Sie werden Entscheidungen mit Elan und Selbstvertrauen fällen, ohne Angst vor Konsequenzen und ohne das Gefühl, manipuliert zu werden. Und Sie werden merken, um wie viel einfacher Ihr Umgang mit anderen Menschen wird.

»Nein« zu sagen hilft beim Fragen

Wenn Sie lernen »Nein« zu sagen, dann können Sie auch von anderen Menschen viel besser ein »Nein« akzeptieren. Wie oft schon haben Sie sich gescheut, Bekannte oder Verwandte um einen Gefallen zu bitten, weil Sie Angst vor einer Absage hatten? Es ist vollkommen in Ordnung, »Nein« zu sagen. Nehmen Sie deshalb ein »Nein« nicht persönlich. Freuen Sie sich sogar, wenn andere »Nein« sagen, denn das zeigt Ihnen, dass der andere sich traut, unattraktive oder im Moment unpassende Anfragen abzulehnen. Solche Menschen können Sie eher und häufiger um einen Gefallen bitten, weil Sie nicht befürchten müssen, ihnen »zur Last zu fallen«. Lassen Sie die Vorurteile beiseite, und lernen Sie die wahre Bedeutung dieses Wortes kennen (siehe Klappentext vorne). Eignen Sie sich Techniken und Formulierungen an, mit denen Sie ein »Nein« geschickt meistern können. Vertrauen Sie auf Ihre Intuition, wann Sie mit welcher Strategie am besten fahren.

So sagen Sie geschickt und einfühlsam »Nein«

- **ZEIT GEWINNEN:** Lassen Sie sich nicht von Anfragen überrumpeln, sondern geben Sie sich etwas Bedenkzeit. Entgegnen Sie Ihrem Gesprächspartner z. B. »Ich muss erst in meinem Kalender nachschauen, ich melde mich wieder«, »Ich möchte das mit meinem Partner abstimmen«. Rufen Sie dann *zuverlässig* zurück, und sagen Sie freundlich »Nein«. Ihr Rückruf zeigt, dass Sie Ihr Möglichstes getan haben, und Ihre Absage wirkt somit »unumgänglich«.
- **VERTRÖSTEN:** Zeigen Sie dem Bittsteller, dass Sie gerne für ihn da sind, nur eben im Moment und für die kommenden Tage oder Wochen nicht. Die Antwort »Das passt momentan nicht.« stellt die meisten Menschen zufrieden. Falls sie hartnäckig fragen, wann Sie denn Zeit haben, erwidern Sie: »Ich kann es leider derzeit nicht absehen.« Erläutern Sie nicht, warum Ihnen anderes wichtiger ist. Sie manövrieren sich sonst in einen aussichtslosen Rechtfertigungszwang.
- **GRUNDSATZERKLÄRUNG:** Viele Anfragen können Sie ablehnen, indem Sie zunächst prinzipiell entscheiden, was Sie tun und was nicht. Sie haben also eine klare Haltung gegenüber gewissen Dingen und das macht ein »Nein« für viele Menschen akzeptabel, weil es zeigt, dass Sie

bereits darüber nachgedacht haben. »Ich verleihe prinzipiell kein Geld«, »Wir essen in unserer Familie immer am Freitagabend gemeinsam, und dieses Ritual ist uns heilig.«

→ DUMM STELLEN: Viele Menschen versuchen, mit indirekten Anfragen oder Jammereien Hilfe zu erhalten. Zeigen Sie Verständnis, aber lassen Sie sich nicht unter Druck setzen. Niemand zwingt Sie, den »Wink mit dem Zaunpfahl« zu verstehen! Wenn Ihre Nachbarin sagt: »Ach, meine Fenster sind schon wieder so schmutzig und mir tut seit Tagen der Rücken so weh ...« Dann können Sie entgegnen: »Es tut mir Leid, dass es Ihnen nicht gut geht, vielleicht sollten Sie einen Orthopäden aufsuchen.«

Dem »Nein« aus dem Weg gehen

Manchmal können Sie einem »Nein« auch aus dem Weg gehen. Schaffen Sie Prinzipien, an die Sie sich konsequent halten (nie Süßigkeiten an der Supermarktkasse kaufen, keine Waschtage außer der Reihe). Solche festen Regeln erziehen Ihre Mitmenschen dazu, gar nicht erst zu fragen. Zudem ist es besser, mit besonders fordernden Menschen nicht über Ihre Freizeitplanung zu reden. Informationen zurückzuhalten ist die beste Methode, sich Freiräume zu schaffen. Und Ihr Anrufbeantworter kann Sie zusätzlich abschotten.

TIPP

→ Sagen Sie doch öfter mal »Ja«. Erleichtern Sie sich das Leben, indem Sie beispielsweise gegenüber Ihren Kindern Ihre »Neins« dosiert einsetzen. Wägen Sie kurz ab, ob es in dieser Situation Sinn macht. Bevor Sie automatisch ausrufen »Nicht durch die Pfütze laufen«, überlegen Sie »Warum eigentlich nicht?«. Erlauben Sie manches ausdrücklich und Ihr Kind wird lernen: »Mami und Papi sagen nicht unüberlegt ›Nein‹, sondern nur, wenn es zu meinem Besten ist.« Damit akzeptiert es andere »Neins« besser.

Delegieren und Outsourcen

Sie finden es frustrierend, wenn Sie im Haus arbeiten und die anderen sich »vergnügen«? Verständlich. Vermeiden Sie zu einseitige Belastungen frühzeitig oder reißen Sie jetzt das Ruder herum. Sie *können* und Sie *müssen* etwas an der Arbeitsteilung ändern, wenn Sie oder ein anderes Familienmitglied sich zu stark belastet fühlen. Wer Sie dabei in welchem Ausmaß unterstützen kann, hängt von mehreren Faktoren ab: familiäre Situation (kleine oder große Kinder, allein erziehend), berufliches Engagement der Erwachsenen (Zeiten außer Haus), Zeitaufwand für Pflege anderer Familienangehöriger, Rollenverständnis der Erwachsenen (Mann als »Ernährer«/Frau am Herd oder Mann/Frau im Job und zu Hause als gleichwertige Partner), finanzielle und räumliche Situation (Infrastruktur am Wohnort, Verwandte in der Nähe).

Diese Umstände beeinflussen, *wie* Sie eine Schneise in Ihren Aufgabendschungel schlagen, aber sie beeinflussen nicht, *dass* Sie es tun können. Auch wenn Sie wenig Geld, keine Verwandten am Ort und einen patriarchalischen Partner haben – jeder Familien-Manager kann Aufgaben innerhalb der Kernfamilie und an Dritte außerhalb vergeben.

Das »Wer-macht-was?«-Spiel

Verschaffen Sie sich und Ihren Lieben einen Überblick, wie die Arbeit in Ihrem Familienalltag tatsächlich verteilt ist. Spielen Sie dazu das Spiel »Wer macht was bei uns?«. Verteilen Sie Papier und Stifte an jeden. Beziehen Sie auch kleine Kinder mit ein, denn die haben in der Regel einen unverstellten Blick auf die Dinge und sehen viele Tätigkeiten, die Ihnen gar nicht bewusst sind. In diesem Fall notieren Sie eben für die Kleinen mit.

Zunächst soll jeder aufschreiben, welche Aufgaben er selbst macht, von denen die ganze Familie profitiert. Das betrifft also nicht nur Jobs im Haushalt, sondern alle Tätigkeiten, deren Ergebnis allen zugute kommt (z. B. Computeranlage in Schuss halten, Winterreifen wechseln, Sonntags mit den Kindern früh aufstehen und den anderen schlafen lassen, Keller fliesen, sich homöopathisch weiterbilden und die Kinder verarzten). Reden Sie dann über die Notizen, und ergänzen Sie die Listen um Jobs, die Ihnen zusätzlich einfallen. Überlegen Sie dann *gemeinsam*, wie einzelne Personen entlastet werden können. Machen Sie ein Brainstorming, welche Aufgaben Sie gemeinsam in der Familie erledigen wollen (Teamwork), welche Ämter einzelne Mitglieder übernehmen (Delegieren) und welche lieber (bessere Ergebnisse, Haussegen retten) an Dritte vergeben werden (→ Outsourcen, S. 75).

Ziele des »Wer-macht-was?«-Spiels:

1. Klarheit über die tatsächliche Arbeitsverteilung bekommen.
2. Konsequenzen und Lösungen überlegen.
3. Einen fairen Familien-Plan erstellen, an den sich alle halten.

Oft erkennen Familien-Manager dabei, dass auch die anderen viel für die Familie tun. So gehen sie jetzt entspannter ihren Aufgaben nach. Meist tun die Frauen mehr im Haus und die Männer mehr ums Haus, aber jeder investiert Zeit und das ist es doch, was zählt.

Mit einem Einsatzplan zu mehr Teamwork

Nutzen Sie die Familienkonferenz, um ein für alle gerechtes Arbeitszeit-Modell zu entwerfen. Beachten Sie bei der Aufgabenverteilung, wer die meiste Zeit zu Hause verbringt und entsprechend mehr in den eigenen vier Wänden tun kann. Wenn Arbeiten absichtlich liegen bleiben, »weil der andere gefälligst auch mal etwas tun kann«, dann liegt da mehr als nur die Hausarbeit im Argen. Stellen Sie sich die Frage »*Was genau* stört mich an meiner Situation?« und gehen Sie so dem Kernproblem auf den Grund. In der Regel verstecken sich hinter dem Streit um die volle Spülmaschine oder den Mülleimer ganz andere Sorgen.

Gesunde Mischung aus Spaßbringern und Murr-Jobs

Basteln Sie sich eine Art Einsatzplan für die ganze Belegschaft, indem jeder zunächst sagen darf, welche Aufgaben er ab jetzt *freiwillig* in der Familie übernimmt. Viele Eltern wundern sich bereits an dieser Stelle, wie hilfsbereit die Kinder plötzlich sind. Der Unterschied: Früher schrieb Mami oder Papi vor, wer was zu tun hat, jetzt darf jeder selbst mitgestalten und fühlt sich ernst genommen. Ergänzen Sie diese freiwilligen Aufgaben um Jobs, die jeder nur mit Zähneknirschen macht. Vereinbaren Sie dafür ruhig ein rotierendes Prinzip, sodass jede Woche jemand anderes für Müll oder Altpapier zuständig ist. Es ist ein gutes Rüstzeug fürs spätere Leben, wenn Ihre Kinder auch in lästigen – aber nötigen – Tätigkeiten Routinen entwickeln.

TIPP

→ Oft delegieren die Haushalts-Chefs an die Kinder, aber auch an den Partner, nur öde Handlangerdienste (Müll wegbringen, Tisch decken). Das frustriert die Helfer. Beziehen Sie doch mal die Familie *wirklich* mit ein. Lassen Sie Ihren Partnern und/oder die Kinder alleine werkeln, und unterstützen Sie sie lediglich, wenn Sie darum gebeten werden. Räumen Sie beispielsweise den Platz am Herd und arbeiten Sie zu (Gemüse schneiden, abwaschen). So verbringen Sie gemeinsame Zeit, die anderen sind stolz, weil sie etwas alleine schaffen, und das Essen ist auch schnell fertig.

Verantwortung übertragen

Notieren Sie, wer jeweils für welche Arbeit die Verantwortung hat. Wichtig: Klären Sie deutlich, ob eine Person die Tätigkeit selbstverantwortlich erledigt oder ob sich die Familie diese Aufgabe teilt. Viele Probleme entstehen schon hier, weil die einzelnen Familienmitglieder unterschiedliche Auffassungen haben und aneinander »vorbeireden«. Auch kleinen Kindern können Sie nach und nach Aufgaben übertragen. Es macht die Zwerge stolz, wenn sie etwas geschafft haben und dafür Lob bekommen.

Somit schaffen Sie die Grundlagen, dass sie auch später wie selbstverständlich helfen. Eltern, die ihre kleinen Kinder immer nur bedienen, brauchen sich nicht zu wundern, wenn sie später auf Mithilfe pochen und nur Meuterei ernten. Wer von klein auf mithelfen darf, lernt fürs Leben, stärkt sein Selbstbewusstsein und leidet nicht unter der »Wohlstandsverwahrlosung«. Nachwuchs, der nur mit Spielzeug überhäuft und vor dem Fernseher geparkt wird, vermisst diese gemeinsame Alltagszeit mit den Eltern und hat kaum Chancen, in ein realitätsbewusstes Leben hineinzuwachsen.

Die Kindheit ist kein Wartezimmer zum Erwachsensein. Sie ist die Vorbereitung darauf.

Kinder helfen gerne, wenn die Aufgaben sie fordern (nicht unter- oder überfordern!), sie sich verantwortlich fühlen und gelobt werden. Beobachten Sie, was Ihre Kinder schon alles können und erweitern Sie ständig ein wenig die Mitarbeit.

Kleinkinder können:

- leichtere Dinge holen und wegbringen
- im Garten Samen in die Erde streuen
- sich (teilweise) selbst anziehen
- einfache Botschaften ausrichten (»Essen kommen«)

Kinder ab sechs Jahren können:

- ihr Zimmer aufräumen und das Bett machen
- das Waschbecken ausputzen
- kleinere Einkäufe erledigen
- das Haustier füttern und den Stall sauber machen

Kinder ab zwölf können für ganze Bereiche zuständig sein, wie z. B.:

- eine einfache Mahlzeit zubereiten
- Wäsche in die Waschmaschine und den Trockner füllen
- einkaufen gehen
- den Rasen mähen

Konkrete Anleitung geben

Geben Sie präzise Anleitungen, wie und mit welchen Hilfsmitteln eine Aufgabe nach Ihren Vorstellungen zu erledigen ist. Für Kinder ist der Satz »Räum bitte Dein Zimmer auf« beispielsweise zu ungenau. Machen Sie es am Anfang gemeinsam, und seien Sie *konkret*: »Häng die Kleider in den Schrank, bring benutztes Geschirr in die Küche und stell es in die Spülmaschine.« Manche Familien arbeiten nach dem Vorbild von Flugzeug-Piloten sehr erfolgreich mit Checklisten. Sie zeigen alle notwendigen Handgriffe für einen Job, und vor allem Kinder haken sie mit Freude ab.

Warum Checklisten so hilfreich sind:

- Sie unterteilen komplexe Aufgaben in überschaubare Einzelaktionen.
- Sie entlasten das Gehirn, was »noch alles zu tun ist«.
- Sie garantieren, dass man nichts vergisst.
- Sie gewährleisten, dass alle im Haushalt wissen, was genau zu tun ist.
- Sie motivieren vor allem Kinder zum »Abhaken«.
- Bunt und witzig gestaltet, bringen sie etwas Spielerisches in die Arbeit und machen sie somit leichter.

Checkliste Budenzauber

Hier ein Beispiel für eine Checkliste zum Thema »Kinderzimmer aufräumen«. Auf bunten Zetteln, mit witzigen Titeln und Bildern dekoriert, macht besonders Kindern und kreativen Menschen das Abhaken noch mehr Spaß.

Aktion	fertig
Musik/Radio anmachen	
saubere Kleidung in Schrank/Schubladen einräumen	
schmutzige Wäsche zur Waschmaschine bringen	
Geschirr in die Küche bringen und in die Maschine räumen	
Spielzeuge in entsprechende Kiste/Fach räumen	
Schreibtisch abräumen und Dinge an ihren Platz	
Bücher, CDs, Schulsachen an ihren Platz	
Abfall in Mülleimer	
Schreibtisch und evtl. Regale etc. feucht abwischen	
Kopfkissen und Decke weglegen, Laken gerade ziehen	
Kopfkissen und Decke aufschütteln, hinlegen	
Kuscheltiere und Puppen in ihr »Nest« setzen	
Boden saugen oder fegen	

Vertreter bestimmen

Schreiben Sie auch auf, wer einspringt, wenn jemand krank ist oder aus anderen Gründen die Aufgabe nicht erledigen kann. Der Notnagel müssen nicht immer Sie sein und schriftlich Fixiertes beugt Missverständnissen vor.

Anfangen und konsequent bleiben

Fangen Sie dann sofort an, Ihren neuen Plan umzusetzen und lassen Sie konsequent die anderen arbeiten. Auch wenn es Sie in den Fingern juckt, der Tochter die Schuhe aus der Hand zu nehmen und selbst schnell zu putzen – tun Sie es nicht. Sie untergraben damit jegliche Motivation. Oder wie würden Sie sich fühlen, wenn immer jemand hinter Ihnen steht und Ihnen das Gefühl vermittelt »Ich kann das schneller, gib her«?

Nach der Anfangs-Euphorie erfinden Kinder die tollsten Ausreden, warum sie nicht helfen können. Bis hin zu der Aussage, dass Kinderarbeit in Europa verboten ist. Zeigen Sie Verständnis für lustlose Phasen, aber geben Sie nicht nach. Motivieren und überlisten Sie gemeinsam den »inneren Schweinehund«. Erzählen Sie, dass Sie auch manchmal »null Bock« haben, und seien Sie ein Vorbild. Langfristig wirkt das immer. Besprechen Sie regelmäßig Ihre Arbeitsteilung, und lassen Sie Beschwerden und Anregungen in künftige Wochenpläne und Aufgabenlisten einfließen.

Erfahrungsgemäß klappt Teamwork am besten, wenn die gesamte Familie zur gleichen Zeit im Haushalt arbeitet und Sie sich nach Abschluss etwas Schönes vorgenommen haben (gemeinsam ins Kino gehen, ein Feuer im Garten machen etc.). Dann fühlt sich keiner alleine, und Sie können sich gegenseitig motivieren, am Ball zu bleiben.

Bezeichnen Sie das bewusst als »gemeinsame Zeit«, in der geredet und gelacht wird – und nebenbei alles schön ordentlich wird. Nebeneffekt:

Wenn alle zur gleichen Zeit arbeiten, lernen Kinder und Partner den Wert der Arbeit schätzen und haben eher Interesse daran, die Wohnung generell ordentlich zu halten. Denn das verringert die Arbeitszeit für alle Beteiligten. Sie sind gemeinsam früher fertig und können alle schneller zu schönen Freizeitaktivitäten übergehen.

Outsourcen – Wie Dritte Sie unterstützen können

In der Familienkonferenz haben Sie festgestellt, dass einige Jobs sich nicht innerhalb der »Firma« erledigen lassen (mangelnde Fähigkeiten, keine Zeit, keine Lust). Also müssen Sie Aufgaben an Dritte outsourcen (= nach außen vergeben). Und das muss nicht einmal viel Geld kosten.

Hilfe in Garten, Haushalt und Alltag

Viele Fremdleistungen können Sie kostenlos über etablierte örtliche Tauschringe bekommen. Infos dazu haben meist die Gemeinden oder die Nachbarschaftshilfe. Oder Sie tauschen Leistungen in Ihrem Bekanntenkreis – eine Hand wäscht die andere. Bauen Sie sich in jedem Fall ein Netzwerk auf – das ist die größte Hilfe für einen Familien-Manager im Alltag und in Notfällen. Nachbarn, Bekannte, andere Eltern oder Verwandte können Sie unterstützen, indem sie sich als Chauffeur für die Kinder abwechseln oder weil eine »Leihoma« froh ist, dass sie mit Ihren Kindern spielen darf.

In jedem Fall bekommen Sie aus einem Netzwerk wertvolle Hinweise auf zuverlässige Helfer oder gemeinsame Möglichkeiten (z. B. eine gemeinsame Kinderfrau), die Sie gegen Geld entlasten. Investieren Sie ein paar Euro für Ihre Unterstützung – das geht auch, wenn Sie nicht berufstätig sind. Überlegen Sie, was Sie gut können und gerne machen, und bieten Sie dies in Ihrer Gemeinde an (Spielgruppenleitung,

Nachhilfe, Übungsleiter im Turnverein, Tagesmutter). Entrümpeln Sie Ihr Haus, und verkaufen Sie die Sachen auf dem Flohmarkt, über Internet-Auktionshäuser oder z. B. gebrauchte Bücher über entsprechende Online-Börsen. Verwirklichen Sie eine Geschäftsidee.

Der wahre Wert einer Putzfrau

Eine Putzfrau schafft nicht nur Ordnung in Ihrem Heim.

Eine Putzfrau

- entlastet Ihre Beziehung, weil das ständige Streiten um die Putzerei wegfällt.
- erzieht Sie zur Ordnung, da vor dem Putzen immer aufgeräumt werden muss. Und wer regelmäßig räumt, hat eine höhere Grundordnung und somit weniger Arbeit.
- ermöglicht Ihnen Freizeitaktivitäten am Wochenende mit der ganzen Familie – Zeit, in der Sie sonst alle gemeinsam putzen würden.
- hebt Ihr Selbstbewusstsein, weil Sie nicht mehr alleine dem Schmutz zu Leibe rücken müssen.

Kinderbetreuung

Überlegen Sie, wie häufig und wie lange pro Tag Sie jemanden für die Betreuung Ihrer Kinder brauchen. Suchen Sie in der an Ihrem Wohnort vorhandenen Infrastruktur nach geeigneten Angeboten – Tagesmütter, Kinderkrippen und Kindergärten gibt es überall in Österreich, Deutschland und der Schweiz (siehe Kasten auf S. 78). Wenn es keine festen Einrichtungen gibt, dann zeigen Sie Eigeninitiative und rufen Sie selbst entsprechende Angebote ins Leben. Ihr Netzwerk kann Ihnen dabei eine große Unterstützung bieten.

2

ERFAHRUNG

Alice, 39, wollte wieder mehr Zeit für sich und ihren Beruf haben. Jonas, 5, ist im Kindergarten, für Lisa, 2, gab es in ihrem Dorf keine Betreuungsmöglichkeit. Ihre Lösung: Alice gründete die »Sandflöhe e.V.«, eine private Kinderkrippe, in der zweimal pro Woche eine ausgebildete Kinderpflegerin zehn Kleinkinder betreut.

Andere arbeiten anders

Akzeptieren Sie, dass andere Leute anders arbeiten als Sie. Das kann sogar sehr lehrreich sein, weil es Ihnen ganz neue Ideen bringt. Seien Sie offen für unterschiedliche Arbeitsstile, und äußern Sie konkret Ihre Vorstellung davon, wie die Arbeit gemacht werden soll. Dann wird sicher ein befriedigendes Ergebnis herauskommen. Es ist auch in Ordnung, wenn Ihre Kinder sich bei Fremden anderen Regeln unterordnen müssen, als bei Ihnen. Kinder sind flexibel und akzeptieren das durchaus.

Kinderbetreuung

Art der Betreuung, Ort der Betreuung	Infos
Au pair, zu Hause	International Au Pair Association, www.iapa.org; Bundesverband der Au-pair-Vermittler, Gastfamilien und Au-pairs, www.au-pair-society.org; Landesarbeitsämter, Adresse über www.arbeitsamt.de; www.kinderbetreuung.at
Kinderkrippe, auswärts	Gemeinde, Nachbarschaftshilfe, Jugendämter, www.eltern.de; www.kinderfreunde.at; www.kinderbetreuung.at; www.krippenplatz.ch; www.krippenverband.ch; www.tagesmuetter.ch
Private Kinderkrippe, auswärts	Gemeinde, Nachbarschaftshilfe; formelle Infos zur Gründung: Jugendämter vor Ort, Bundesarbeitsgemeinschaft Elterninitiativen e.V., www.bage.de; »Bundesverband Österreichischer Selbstverwalteter Kindergruppen« (BÖE) E-Mail: boe@aon.at; www.krippenverband.ch; www.projuventute.ch
Kinderfrau, zu Hause	Stellenanzeigen, Netzwerk, www.tagesmuetter-bundesverband.de; www.kinderfreunde.at; www.kinderbetreuung.at; www.krippenplatz.ch; www.projuventute.ch
Tagesmutter, auswärts	Anzeigen, Netzwerk, Gemeinde, Nachbarschaftshilfe, www.eltern.de; www.tagesmuetter-bundesverband.de; www.kinderfreunde.at; www.kinderbetreuung.at; www.tagesmuetter.ch; www.tagesfamilien.ch
Kindergarten, auswärts	Gemeinde, Jugendämter
Ganztagsschule, auswärts	Gemeinde, Jugendämter
Leihopa, Leihoma, zu Hause	Anzeigen, Aushänge, Netzwerk, www.leihopa.de; www.kinderfreunde.at; www.kinderbetreuung.at; www.krippenplatz.ch
Babysitter, zu Hause	Aushänge, Netzwerk, www.laufstall.de, www.babysitternet.de; www.kinderfreunde.at; www.kinderbetreuung.at; www.krippenplatz.ch

Mehr Zeit dank weniger Zeug

2

Der Mensch in unserer westlichen Zivilisation besitzt im Schnitt 10 000 Gegenstände. Die meisten Haushalte quellen über von Dingen, die sich die Familienmitglieder im Laufe der Zeit selbst gekauft oder geschenkt bekommen haben. Und das nicht nur in einer Ausführung. In der Regel haben wir vieles doppelt und dreifach. Und von Jahr zu Jahr wird es mehr. Schön, dass wir in einer Wohlstandsgesellschaft leben und so viele Dinge haben. Doch der Wohlstand bringt uns Sorgen. Er beschert uns unzählige »Muss-Tätigkeiten«, die uns die Laune verderben und wie ein Mahnmal für unsere »Faulheit« stehen. »Ich muss endlich gründlich Ordnung schaffen«, stöhnen viele Menschen – und tun nichts. In der Regel bleibt es beim (halbherzigen) Vorsatz – und einem ständig wachsenden schlechten Gewissen.

Warum wir so gerne besitzen

Besitz schafft ein Gefühl von Sicherheit. Wer sich ein Zuhause und ein finanzielles Polster schafft, die den eigenen Ansprüchen gerecht werden, schaut unbeschwerter in die Zukunft. Ein Haus, Autos oder schicke Kleidung bessern unser Selbstwertgefühl auf und sind Statussymbole. Fotos, Kinderzeichnungen, Urlaubs-Souvenirs oder Geschenke scheinen als wertvolle Erinnerungen einen Teil unserer Identität auszumachen. Und schließlich bringen Vorräte im Haus einen echten Zeitvorteil. Sie ersparen Ihnen häufiges Einkaufen, machen Sie unabhängig von Ladenöffnungszeiten, und Sie können auch auf die Schnelle eine Mahlzeit zaubern.

Sicherheitsdenken, Statussymbole, Sammelleidenschaft und Vorratshaltung können aber zur Belastung werden. Überlegen Sie einmal, wie viel Lebenszeit Sie darauf verwenden, um Ihren Besitz zu verwalten, zu säubern, zu versichern. Eine Stunde pro Tag vergeuden Sie außerdem laut amtlicher Statistik mit Suchen – das sind über 40 Monate in einem 80-jährigen Leben –, mehr Zeit, als Sie im Durchschnitt in Ihre körperliche Fitness investieren (4,4 Monate).

> Am **reichsten** sind die Menschen,
> die auf das meiste **verzichten** können.
>
> [Rabindranath Tagore]

Viele Menschen sagen von sich, sie bräuchten das »kreative Chaos« auf Ihrem Schreibtisch oder in ihrem Haus. Wenn sie aber nach Schlüsseln oder Dokumenten fahnden oder verdorbene Lebensmittel wegwerfen, dann ärgern sich auch die kreativsten Menschen über ihren »Saustall«. In vielen Fällen ist das vermeintliche Bedürfnis nach Unordnung nämlich nur eine Ausrede: Weil die »Chaoten« nicht wissen, wo sie anfangen sollen, weil sie keine Prioritäten setzen können, was in den Müll gehört, weil sie eine hohe emotionale Bindung an Plunder haben – aus *diesen* Gründen räumen sie nicht auf. Und nicht etwa weil Unordnung sie inspiriert. Das wissen auch die Top-Kreativen aus der Werbe- und Filmbranche oder Designer, die ihre besten Ideen in kargen Zimmern haben.

Kleine Schritte

Machen Sie heute den ersten Schritt zu weniger Besitz. Trennen Sie sich von dem, was Sie belastet, und gewinnen Sie weit mehr als Platz.

Die Schattenseiten von Besitz

Krempel, Gerümpel und ein Zuviel an Besitz

erhöht den Putzaufwand, denn

- es dauert doppelt so lange, einen voll gestellten Raum zu reinigen
- die Sachen selbst müssen gereinigt und abgestaubt werden

kostet Geld für

- Anschaffung der Gegenstände
- Aufbewahrung (Lagerplätze!), Schränke, Regale, Kisten und Ordner etc.
- Unterhalt (Reparaturen, Wartung, Versicherungen)
- Doppelt-Käufe

kostet Zeit für

- Einkaufen der Dinge und deren Aufbewahrungsmöglichkeiten
- Verwaltung der Dinge (Fotos einkleben, Ablage machen)
- Reinigen, Warten, Reparieren
- Suchen, wenn man den Gegenstand braucht

ermüdet Geist und Körper

- macht müde und lethargisch
- hält einen in der Vergangenheit fest
- verwirrt einen und lässt zaudern

schadet im Umgang mit anderen

- kann Scham verursachen
- sorgt für Streit

Gewinnen Sie das Gefühl, dass Sie Ihren Besitz beherrschen (und nicht umgekehrt), dass Sie sich langfristig Raum zum Atmen und Wohlfühlen schaffen, und dass Sie sich die Quelle von Streit, Missgunst und aufwändiger Putzarbeit vom Hals schaffen.

Nehmen Sie sich jedoch *niemals* den »ganzen Keller« oder die »komplette Küche« vor – das überfordert Sie: Ihnen läuft die Zeit davon – und Sie werden nicht im gewünschten Zeitraum fertig. Ihnen geht nach einige Stunden die Luft aus – weil es immer noch »unschaffbar« aussieht. Oder der Berg an Arbeit erschlägt Sie – und deshalb fangen Sie gar nicht erst an.

Ihr Besitz hat sich über Jahre hin angesammelt. Lassen Sie ihm ein paar Monate Zeit, sich nach und nach zu reduzieren.

Erleichtern Sie sich das Aufräumen und Ausmisten und machen Sie kleine Schritte. Wenn Bergsteiger den Mount Everest bezwingen wollen, dann arbeiten sie sich über Wochen von Camp zu Camp vor. Schlagen auch Sie solche Zwischenstationen auf, dann wird der Weg zum Ziel überschaubar und weniger furchterregend. Etappenziele sind auch mit wenig Zeitaufwand zu erreichen. Unterteilen Sie deshalb Ihr Ziel »gründlich ausmisten und täglich Ordnung halten« in viele kleine Teilziele (zum Beispiel die Sockenschublade statt des kompletten Kleiderschranks).

Beginnen Sie mit Einheiten, die sehr schnell erledigt werden, und genießen Sie anschließend das gute Gefühl, dass Sie einen ersten Schritt getan haben. Wählen Sie in den kommenden Tagen, Wochen und Monaten einen Abschnitt nach dem anderen, und planen Sie dafür je nach Größe zwischen fünf Minuten und bis zu zwei, drei Stunden Arbeitszeit ein. Wählen Sie die »Einheit des Tages« so, dass Sie bequem innerhalb Ihres Zeitrahmens fertig werden – und lassen Sie sich dabei nicht stören. Sie erledigen gerade eine wichtige Aufgabe!

Im Laufe der kommenden Wochen werden Sie feststellen, dass Sie immer schneller räumen. Der Grund: Ihre Routine nimmt zu, und wer einmal das befreiende Gefühl des »Abschieds« gespürt hat, trennt sich leichter.

Hohe Grundordnung leicht gemacht – So entrümpeln Sie richtig

1 EINE GANZE EINHEIT

Suchen Sie sich *eine* geschlossene Einheit aus (z. B. eine Schublade, ein Regalfach, eine Kiste, eine Tasche) und räumen Sie diese *komplett* auf.

2 GANZ ODER GAR NICHT!

Räumen Sie die Aufbewahrungseinheit, die Sie ausmisten wollen, vollkommen leer und legen Sie den Inhalt auf den Boden.

3 GLÄNZENDE AUSSICHTEN!

Wischen Sie die nun leere Einheit feucht aus, und freuen Sie sich, wie schön das in wenigen Minuten wieder aussehen wird.

2

TIPP

→ Mütter von Kleinkindern klagen häufig, dass sie nicht ausmisten können. Abends sind sie zu müde und tagsüber verteilen die Kleinen die Sachen sofort im Haus. Wenn Sie jeweils nur eine Einheit ausräumen, dann können Sie die Sachen mühelos außer Reichweite des Kindes (auf der Arbeitsplatte, dem Tisch, dem Bett) sortieren. Geben Sie in der Zwischenzeit Ihrem Kind ebenfalls eine Schublade oder Kiste, die es ausmisten darf. Oder beziehen Sie es mit ein, indem es z. B. die Dinge in die jeweiligen Kisten legt. Sehen Sie die wenigen Räum-Minuten als gemeinsame Zeit, als gemeinsames Spiel, das Spaß macht und auch noch einen Nutzen bringt. Wenn Ihnen das tagsüber zuviel ist – ein Schrankfach am Abend ist machbar und in einem Monat ist dann auch viel aufgeräumt. Garantiert!

4 MAGISCHES VIERECK

Sortieren Sie den Inhalt auf dem Boden in die vier Kategorien des magischen Vierecks (siehe unten).

5 SÄUBERN UND EINRÄUMEN

Säubern Sie die Dinge, die Sie nach dem Sortieren wirklich behalten wollen, und räumen Sie sie systematisch ein.

6 JUBELN

Freuen Sie sich über das, was Sie geschafft haben.

Das magische Viereck

Teilen Sie Ihren Fußboden (oder eine andere große Ablagefläche) in vier Eckpunkte ein, und sortieren Sie den Inhalt Ihrer Einheit (der ja jetzt auf dem Boden liegt) jeweils einer Ecke zu.

BEHALTEN

In diese Ecke legen Sie das, was funktionsfähig ist und was Sie regelmäßig benutzen. Seien Sie hier besonders kritisch: Es muss wirklich gut sein und sich bewährt haben. Oder es hat einen so hohen emotionalen Wert, dass Sie *genau dieses Stück* behalten wollen. Haben Sie etwas mehrfach (z. B. drei Kochtöpfe in gleicher Größe, zwei örtliche Telefonbücher), dann wählen Sie das beste Exemplar aus und schieben den Rest in eine der drei nächsten Ecken.

ECHTER MÜLL

In dieser Ecke landet alles, was kaputt oder überflüssig ist. Noch besser: Bevor Sie mit dem Ausmisten beginnen, stellen Sie einen Müllcimer, je eine Kiste für Altpapier und Altglas, den »Gelben Sack« (für Verpackungsmüll), etc. neben Ihren »Arbeitsplatz« und befördern Sie Ihren Müll in hohem Bogen in die jeweilige Endstation. Hier hinein kommen z. B. alte Reiseprospekte, Kinderzeichnungen (nur die schönsten aufheben, das steigert den Wert), Gebrauchsanleitungen von Geräten, die längst weggeworfen sind, erblindete Gläser, kaputte Socken, abgelaufene Lebensmittel etc. Bringen Sie die gefüllten Kisten und Müllsäcke dann gleich vor die Haustür oder ins Auto.

WEGGEBEN

Legen Sie hier hin, was *Sie* nicht mehr brauchen, oder was Sie seit mindestens einem Jahr nicht mehr benutzt haben. Geben Sie diese Dinge an Freunde weiter, bringen Sie sie zum Wertstoffhof, verkaufen Sie die Sachen auf dem Flohmarkt oder im Internet auf Auktionsplattformen oder legen Sie sie in Ihr Geschenke-Fach (→ S. 115).

DAS FRAGEZEICHEN

Wenn Sie sich noch schwer zwischen Behalten und Weggeben entscheiden können, dann legen Sie das Fundstück auf die Ecke »Fragezeichen«. Verpacken Sie all diese Sachen in einen Karton mit einem Verfallsdatum (Räumtag plus ein Jahr). Verfrachten Sie die Kiste in den Keller oder auf dem Speicher (nicht in die Garage, die ist für das Auto da!). Dort lagern sie und können notfalls aktiviert werden. Zum Verfallstag bringen Sie die Kiste am besten ungeöffnet zum Wertstoffhof. Falls Sie nicht widerstehen können, schauen Sie die Kiste durch und Sie werden staunen, wie viele Dinge sich inzwischen erledigt haben und leichten Herzens entsorgt werden können.

TIPP

→ Werfen Sie auch Sachen weg, deren Nutzen Sie schnell anderweitig bekommen. Rufen Sie beispielsweise lieber die Auskunft an, und verzichten Sie auf verstaubte Telefonbücher. Holen Sie sich Zeitungsartikel bei Bedarf aus Internet-Datenbanken (z. B. www.genios.de), und entsorgen Sie die Stapel ungelesener Medien.

Sonderfall Vorratskammer

Viele Vorratskeller und Tiefkühltruhen borden über von Nahrungsmitteln, und oftmals weiß die Familie gar nicht, was überhaupt im Haus ist. Die Folge:

- vermeintlich Fehlendes wird nachgekauft.
- verdorbene Lebensmittel werden weggeworfen.
- eingefrorene, aber unbeschriftete Gerichte taugen nur als »Überraschungs-Menü«.

Abhilfe bringt:

- eine konsequent geführte Bestandsliste, die zeigt, welche Lebensmittel (mit Verfallsdatum) an den entsprechenden Plätzen lagern.
- die Zahl der Vorräte extrem einzuschränken. Kaufen Sie nur soviel auf Vorrat, wie Ihre Familie in 14 Tagen verbraucht.

Machen Sie zunächst die Vorratsplätze leer. Planen Sie die Mahlzeiten so, dass Sie die bevorrateten Lebensmittel aufessen. Ein Single, der auf diese Weise seinen Keller plünderte, musste (bis auf wenige Frischwaren) sechs Monate lang nicht einkaufen gehen!

Was tun mit den Sachen von anderen?

Sammler hängen an ihren Dingen und werden wütend, wenn sich jemand daran vergreift. Je mehr Sie meckern, drohen oder gar selbst wegwerfen, desto mehr verschanzen sich Sammler hinter ihrem Krempel. Sehen Sie ein, dass Sie diese Menschen niemals ändern können. Menschen ändern sich erst, wenn sie es selbst wollen. Aber es gibt zwei effektive Maßnahmen, einen Anreiz zu schaffen:

1. Menschen, die die Schattenseiten von Krempel verstanden haben, spüren meist den Drang, etwas zu unternehmen. Schenken Sie der Person das Buch »Feng Shui gegen das Gerümpel des Alltags«.

2 Gehen Sie mit gutem Beispiel voran. Leute die anfangen, auszumisten, berichten oft, dass ihre Familie plötzlich auch von der »Räumeritis« gepackt wurde – ohne dass sie dazu aufgefordert wurde.

Nützt das alles nichts, dann richten Sie in Ihrer Wohnung »Chaos-Ecken« für jeden ein. Das sind keine kompletten Zimmer, sondern z. B. im Kinderzimmer eine »Chaos-Box« oder ein »Chaos-Schrank«. Hier darf jeder sammeln und aufbewahren, was er will. Diese Ecke ist tabu für andere. Der Rest der Wohnung – den alle gemeinsam benutzen – wird im Gegenzug regelmäßig *gemeinsam* ausgemistet.

So halten Sie langfristig Ordnung

Je weniger Sie in Ihrem Haus haben, desto leichter wird es Ihnen fallen, künftig Ordnung zu halten. Erleichtern Sie sich das Aufräumen und Wiederfinden zusätzlich mit einigen einfachen Kniffen:

Wenig Platz

Kaufen Sie sich nur wenige Regale und Schränke, und schaffen Sie wenig Stauraum. Natürlich soll Ihre Habe ihren Platz finden. Aber wenn Sie zu viel Schränke und Stauraum haben, dann schreien diese förmlich danach, gefüllt zu werden, und Sie sammeln im Laufe der Zeit Dinge an, die Sie eigentlich nicht brauchen.

Wenig herumstehen haben

Werden Sie oberflächenbewusst. Fast jede horizontale Fläche (Regal, Tisch, Boden) zieht wie magisch Überflüssiges an. Erziehen Sie sich und Ihre Familie dazu, dass der Boden keine Ablage ist. Verringern Sie die Zahl der horizontalen Flächen in Ihrem Haushalt (Regale abhängen) oder stellen Sie auf vorhandene (Fensterbrett, Bar-Tresen) einen besonders schönen einzelnen Gegenstand (Familienfoto im Silberrahmen) als »Wachhund«, damit sie leer bleiben. Erklären Sie allen Familienmitgliedern, was der »Wachhund« dort macht.

Jedes Ding an seinem Platz

Richten Sie für jeden Gegenstand einen festen Platz ein. Räumen Sie Ihre Sachen in geschlossene Schränke, die Sie mit Schubladen oder kleinen Boxen übersichtlicher gestalten. Feste Plätze sparen Ihnen dreifach Zeit:

1. Beim Aufräumen müssen Sie nicht lange suchen, wo Sie das Teil unterbringen können – Sie wissen, wo es »wohnt«.
2. Beim »Holen« genügt jetzt ein Griff in die richtige Einheit – lange Suchaktionen sind nicht mehr nötig.
3. Alle im Haushalt wissen, wo das Teil in der Regel liegt und stören Sie nicht mit ständigen »Wo ist …?«-Fragen.

Achten Sie einmal darauf, welche Gegenstände bei Ihnen meistens »herumfliegen«. In der Regel haben sie kein festes Zuhause.

Teure Aufbewahrungsplätze

Geben Sie für Ordner, Schachteln oder Boxen ruhig etwas Geld aus. Wenn Aufbewahrungsplätze wertvoll sind, dann knausern Sie automatisch mit dem, was Sie darin aufbewahren. Ihr Unterbewusstsein zieht die Zügel an und sammelt nicht mehr jeden Mist.

Organisieren Sie Aufbewahrungsorte logisch

Entscheiden Sie, wo der Gegenstand am besten untergebracht ist: Alles, was Sie zum Weggehen brauchen, gehört in die Nähe der Haustür, Handtücher ins Bad, Duschtücher für den Sport zu den Sporttaschen. Das erspart Ihnen Wegezeiten.

Dinge, die Sie häufig benutzen, bringen Sie in Reichweite unter. Alles andere kommt hoch in die Schränke oder hinunter in den Keller.

Warum sollen Sie z. B. den Wok oder den 20-Portionen-Party-Topf jedes Mal in die Hand nehmen, wenn Sie an die anderen Töpfe wollen?

Machen Sie auch Schluss damit, den Wohnwagen als Gartenhäuschen zu missbrauchen, die Garage als Rumpelkammer oder die Badewanne als Wäschesammler. Das bringt nur Arbeit und Frust, wenn Sie den Ort benutzen wollen, und außerdem vermiest Ihnen der unordentliche Anblick ständig die Laune.

Bunt und beschriftet findet es sich leichter

Gestalten Sie die Aufbewahrungsorte bunt, und verzieren Sie Kisten, Schubladen oder Kleiderhaken jeweils mit einem Foto des Eigentümers oder einem Bild vom Inhalt. Farben und Bilder sprechen die rechte Gehirnhälfte an und erleichtern das Finden. Beschriften Sie ansonsten Ihre Plätze – deutlich lesbar und verständlich – beispielsweise auch in einer Fremdsprache. Das macht es ebenfalls spielerisch, und Sie tun gleich noch etwas fürs Gehirn.

Routinieren Sie Ihren Umgang mit Besitz

→ Gehen Sie niemals mit »leeren Händen« aus dem Haus, die Treppe hoch etc. Nehmen Sie Müll, Altpapier oder Dinge, die in ein anderes Stockwerk gehören, jedes Mal mit. Selbst wenn nur Sie sich an diese Regel halten und sich 20 Gänge pro Woche ersparen, hat es sich schon gelohnt.

→ Räumen Sie vor dem Schlafengehen auf: schmutziges Geschirr in die Spülmaschine, Tische und Arbeitsflächen abwischen, herumliegende (Spiel-) Sachen aufheben. Wenn Sie morgens dann in eine geordnete Wohnung blicken, geht der Tag gut los.

→ Machen Sie den 20-Minuten-Morgenlauf (→ S. 53).

→ Erledigen Sie Tätigkeiten, die 30 Sekunden oder weniger in Anspruch nehmen, sofort (z. B. Schränke schließen, Jacken aufhängen, Flaschenöffner zurücklegen, etc.).

Zufluss beschränken

Je mehr Sie in Ihr Haus reinschleppen, desto mehr müssen Sie aufräumen und (als Müll) wieder herausschleppen. Beschränken Sie deshalb, was Ihnen überhaupt ins Haus kommt.

→ Überlegen Sie sich bereits im Geschäft, wo Sie einen neuen Gegenstand hinräumen wollen. Haben Sie Lust, das Ding zu benutzen und zu putzen? Aus welchem Grund wollen Sie es erstehen?

→ Wägen Sie ab, ob Großpackungen oder »Nimm zehn, zahl neun«-Angebote für Ihre Familie Sinn machen. Zwar sind sie günstiger, dafür landet – beispielsweise bei Lebensmitteln – über die Hälfte davon häufig im Müll – ein teures Schnäppchen.

→ Überprüfen Sie, was Ihnen mittlerweile unaufgefordert ins Haus kommt, und packen Sie die Infoflut an der Wurzel.

- Kündigen Sie selten genutzte Abos (Zeitungen, Zeitschriften, Bücher) oder teilen Sie sie mit Ihren Nachbarn, das halbiert den Müll.
- Schicken Sie Werbebriefe mit dem Vermerk »Annahme verweigert« an den Absender zurück. Nach ein paar erfolglosen Zustell-Versuchen wird die Firma Sie von der Adressliste streichen.
- Nehmen sie künftig an weniger Preisausschreiben teil, denn die dienen lediglich dazu, aktuelle Adressen für Werbebriefe zu ermitteln.
- Bündeln Sie Ihre Finanzen. Für jedes Konto bei einer Bank, einem Fond etc. bekommen Sie nämlich Info-Material etc.
- Informieren Sie Ihr Umfeld über Ihre veränderte Einrichtungsweise, und wünschen Sie sich zum Geburtstag Verbrauchsgegenstände statt Staubfänger (Badeöl statt Blumenvase).

Abfluss beschleunigen

Stau im Haus entsteht auch, weil Neues reinkommt, aber Altes nicht schnell genug abfließt. Entwickeln Sie ein Gefühl dafür, wo in Ihrem

Haushalt solche neuralgischen Punkte sind, an denen sich Sachen stauen und schaffen Sie sofort Abhilfe. Befreien Sie sich regelmäßig, warten Sie nicht, bis wieder eine »Gewaltaktion« nötig ist (→ Tipps im Klappentext).

Belohnungen

Damit Sie langfristig bei der Stange bleiben, schaffen Sie sich kleine emotionale Belohnungen. Lächeln Sie sich im Spiegel an, wenn Sie das Waschbecken ausgewischt haben. Stellen Sie ein Duftpotpourri in die Schublade, das Sie beim Geldbeutel-Verstauen mit einer frischen Brise entlohnt. Stellen Sie sich frische Blumen auf die aufgeräumte Kommode. Schaffen Sie kleine »Belohnungen« auch für die Kinder und motivieren Sie sie natürlich mit viel Lob (→ S. 100).

CHECKLISTE

Kinder können schon frühzeitig an eine bestimmte Grundordnung im Haus gewöhnt werden. Mit folgenden Kniffen fördern Sie erwünschtes Verhalten:

- Loben Sie sie so oft wie möglich, denn dadurch wird die Motivation der »Zwerge« enorm gesteigert.
- Weisen Sie auf offensichtliche Zeitersparnis hin: Wenn wir weniger suchen müssen, haben wir mehr Zeit für etwas Schönes.
- Beziehen sie die Kinder in die Gestaltung der Aufbewahrungsorte mit ein.
- Schaffen Sie emotionale Belohnungen (Glöckchen an der Schublade, weicher Stoff).
- Vergeben Sie Belohn-Punkte für ordentliche Garderobe, Zimmer etc.

3

Personal-Management – Miteinander besser klarkommen

→ Das Unternehmen Familie floriert am besten, wenn alle Mitarbeiter an einem Strang ziehen und ein harmonisches Team bilden. Dafür müssen jedoch alle die gleiche Sprache sprechen. Statt aneinander vorbei zu reden heißt es also: miteinander reden, Wünsche und Ziele klar machen und den beiderseitigen Nutzen geschickt verdeutlichen.

Wer fragt, gewinnt

Wie oft schon haben Sie Ihren Partner, Ihre Kinder oder andere Menschen um Unterstützung oder um mehr Rücksicht auf Ihre Bedürfnisse gebeten? Und am Ende im täglichen Hamsterrad Ihres Alltags doch weitergemacht wie bisher? Wenn andere nicht so wollen, wie Sie es gerne hätten, dann kann das auch daran liegen, dass Sie nicht die »gleiche Sprache« sprechen.

3

> Die Sprache ist die Quelle aller Missverständnisse.
>
> [Antoine de Saint-Exupéry]

Besonders Frauen tun sich schwer, eigene Bedürfnisse auszusprechen. Weil sie selbst intuitiv ein Gespür für die Bedürfnisse anderer Menschen haben und sie erfüllen, wann immer sie können, nehmen sie an, das müsse auch umgekehrt so sein. Sie leben nach der Devise: »Wenn man sich liebt, braucht man um nichts zu bitten.« Sie gehen davon aus, dass die Mitmenschen ihnen freiwillig Hilfe anbieten sollen und fressen ihren Frust über die vermeintliche Lieblosigkeit oder Faulheit in sich hinein. Manchmal fragen sie sogar *absichtlich* nicht, um zu testen, ob der andere sie noch liebt. Allerhöchstens verstecken sie ihre Wünsche hinter Feststellungen oder Fragen, die sich auf den *anderen* beziehen. Und wenn der Partner den Wink mit dem Zaunpfahl nicht versteht, dann ist die Krise vorprogrammiert.

BEISPIEL

Ein Ehepaar fährt eine längere Strecke auf der Autobahn. Sie sagt: »Da vorne kommt eine Raststätte, hast du Hunger?« Er antwortet »Nein« und fährt an der Raststätte vorbei. Sie ist sauer, weil er keine Rücksicht auf ihre Bedürfnisse nimmt. Sie hat erwartet, dass er kombiniert, dass sie Hunger hat oder zumindest zurückfragt, ob sie denn eine Pause machen wolle.

»Stille Hilferufe« funktionieren jedoch bei Männern – und bei Kindern – meistens nicht. Männer bieten (außer in der Werbungsphase) selten freiwillig ihre Hilfe an. Sie müssen – und wollen – darum gebeten werden. Und auch Kinder sind keine Hellseher. Machen Sie es sich deshalb zur Gewohnheit zu fragen, wirklich und in Worten. Fragen kostet nichts – außer am Anfang ein bisschen Überwindung. Seien Sie nicht zu unsicher, zu bequem, zu stolz oder zu feige, um um etwas zu bitten. Erleben Sie, wie Sie mit simplen Fragen positive Reaktionen bekommen – je öfter Sie fragen, desto häufiger bekommen Sie ein »Ja«. Das ist ein Gesetz der Wahrscheinlichkeit. Natürlich werden Sie auch viele »Neins« bekommen, aber Sie haben ja im vorherigen Kapitel gelernt, »Nein« zu sagen. Und Sie wissen, dass auch die anderen Menschen ein Recht auf ein »Nein« haben.

Das Vier-Ohren-Modell

Oftmals machen andere Menschen nicht das, was wir gesagt haben, weil bei ihnen eine ganz andere Botschaft angekommen ist. Das hat nichts mit Unwillen zu tun, sondern mit den verschiedenen Ebenen der Kommunikation. Miteinander zu reden bedeutet: etwas zu sagen *und* zuzuhören. Wenn Sie einen Satz hören, können Sie ihn auf vier unterschiedliche Weisen interpretieren. Sie hören ihn mit einem von vier Ohren – daher der Name Vier-Ohren-Modell.

> Gewöhnlich **glaubt** der Mensch,
> wenn er nur **Worte** hört, es **müsse** sich dabei
> doch auch etwas **denken** lassen.
>
> [Johann Wolfgang von Goethe]

Auf der ersten, rein sachlichen Ebene hören wir, so stellte Friedemann Schulz von Thun fest, mit dem *Sach-Ohr* die Aussage des Satzes. Dies ist die neutrale Botschaft, wenn man den Satz wortwörtlich nimmt (»Die Spülmaschine ist fertig«). Und viele Menschen reagieren auch nur auf diese Aussage (»Ja, stimmt«). Das heißt, sie verstehen die möglicherweise hinter der Aussage steckende Bitte nicht. Oder wollen sie nicht verstehen – weil das ihre Form des »Nein-Sagens« ist (→ S. 67).

In der Regel hören die meisten Menschen jedoch mehr als nur diese sachliche Information. Entweder, weil sie schon *wissen*, dass der Sprecher immer zwischen den Zeilen redet. Oder weil sie *glauben*, die eigentliche Botschaft läge hinter den Worten. Oft interpretiert der Zuhörer damit aber *zu Unrecht* etwas in das Gesagte hinein, denn seine bisherigen Erfahrungen mit ähnlichen Personen oder Situationen und seine momentane Stimmung beeinflussen, welcher Inhalt bei ihm ankommt.

Mit dem *Selbstoffenbarungs-Ohr* versucht der Hörer zu interpretieren, ob der Sprecher gute oder schlechte Laune hat, oder ob er eine Aufgabe widerwillig übernimmt. Wenn er den Satz »Die Spülmaschine ist fertig.« hört, dann versteht er: »Mich nervt die ständige Hausarbeit.«

Mit dem *Beziehungs-Ohr* hören wir heraus, ob der Sprecher uns mag, ob wir ihn gestört haben, oder ob er sich z. B. über unseren Anruf freut – auch wenn er von etwas ganz anderem spricht. Im Falle der Spülmaschine könnte er die Botschaft heraushören: »Du bist so faul. Du tust nie etwas im Haushalt«.

Mit dem *Appell-Ohr* hören wir (manchmal zu Unrecht), welche Bitte, welchen Appell der Sprecher an uns richtet (Räum die Spülmaschine aus!«).

Beherzigen Sie das Vier-Ohren-Modell künftig, wenn Sie um etwas bitten. Formulieren Sie Ihre Aufforderungen und Ihre Erwartungshaltung so klar wie möglich und so, dass das Sach-Ohr des anderen den Appell hört. Sagen Sie nicht zu Ihrer Tochter, sie solle heute Abend »pünktlicher« zu Hause sein, sondern: »Heute Abend bist du bitte um 18 Uhr zu Hause, weil wir dann zu Abend essen.« Das gilt natürlich umso mehr beim Delegieren. Sagen Sie präzise, welche Aufgaben zu erledigen sind, oder machen Sie eine Checkliste (→ S. 72).

Achten Sie dabei auch auf Ihre Wortwahl. »*Kannst* Du die Einfahrt fegen?« ist eine Frage nach der Fähigkeit des Partners und keine Aufforderung. Gerade Männer nehmen das wörtlich und antworten (für sich) »Sicherlich bin ich dazu in der Lage«, aber sie handeln deshalb noch lange nicht. Männer sind eher dazu bereit eine Verpflichtung einzugehen, wenn sie gefragt werden »*Würdest* Du bitte die Einfahrt fegen?« Dabei fühlen sie die Möglichkeit, die Familie zu unterstützen, ohne dass sie gleich mit dem Rücken zur Wand stehen.

Versuchen Sie im Gegenzug auch nur das zu hören, was der Partner sagen wollte, und interpretieren Sie nicht (falsche) Dinge hinein. Vermeiden Sie Missverständnisse, und hinterfragen Sie Aussagen: »Habe ich Dich richtig verstanden, dass Du denkst…?« Das hat in vielen Familien schon eine Menge Streit verhindert.

Ich-Botschaften

Sie erleichtern sich und Ihrem Umfeld das Leben, wenn Sie Ihre Wünsche, Anregungen oder auch Anweisungen als »Ich-Botschaften« formulieren. Wenn das Fass überläuft, schimpfen die meisten Menschen: »Ihr tut nie etwas, immer muss ich alles alleine aufräumen. Niemand von euch kommt mal auf die Idee, etwas zu kochen oder alleine einkaufen zu gehen…« Damit provozieren sie jedoch in der Regel lautstarke Rechtfertigungen (»Das stimmt gar nicht, ich habe letzte Woche die Küche aufgeräumt…«) oder bekommen Schuldzuweisungen zurück (»Und du hast nie Zeit, mir bei den Hausaufgaben zu helfen!«). Überlegen Sie, wie Sie sich in der jeweiligen Situation fühlen. Wenn Ihnen mal wieder der Hut hochgeht, weil sich alle anderen im »Hotel Mama« bedienen lassen, dann formulieren Sie Ihre Kritik aus Ihrer Warte: »Ich fühle mich wie eine Hotelangestellte und habe den Eindruck, alles bleibt an mir hängen.« Über *Gefühle* können die anderen nicht mit Ihnen diskutieren, und fühlen sich auch nicht zur Rechtfertigung gezwungen. Auf dieser Basis können Sie anschließend sachlich über das Problem reden.

VW-Regel

In einer Partnerschaft oder Familie wird viel Porzellan durch Vorwürfe zerschlagen. Dabei beziehen sich die Vorwürfe häufig auf die nicht mehr veränderbare (schlechte) Vergangenheit. »Immer tust du…«, »Heute hast du schon wieder…«. und es folgt etwas Negatives. Dabei verändert sich eine Situation durch Vorwürfe nie dauerhaft zum Besseren. Ein paar Tage lang ziehen die anderen vielleicht den Kopf ein und kuschen, bis sich der Partner oder die Eltern wieder abgeregt haben. Aber dann liegen wieder die Schuhe im Gang herum oder die Zahnpasta klebt im Waschbecken.

Sie erreichen mehr, indem Sie das Ihnen Wichtige beziehungsschonend mit der VW-Regel ausdrücken, also statt *Vorwürfen Wünsche* formulieren. Statt »Immer lässt du die Schuhe im Flur liegen.« sagen Sie: »Ich wünsche mir, dass du künftig deine Schuhe in dein Schuhfach räumst. Danke.« Sie haben kein Schuhfach? Dann legen Sie eines an (→ Jedes Ding an seinem Platz, S. 88).

ERFAHRUNG

Der 3-jährige Leon warf immer seine Jacke auf den Boden hinter der Haustür. Seine Mutter Anke fragte ihn: »Was müsste sich ändern, damit du künftig deine Jacke aufhängst?« Seine Antwort: »Ich müsste Platz für meine Jacke haben«. Lösung: Die Eltern räumten ihre Jacken, die bislang die Haken für die Kinderkleidung verdeckten, in den Schrank, damit die Kindergarderobe sichtbar und frei zugänglich ist.

Ablehnung hinterfragen

Und wenn das alles nichts hilft? Wenn Sie trotz präzisem Appell, Ich-Botschaften und VW-Regeln immer wieder die Schuhe einsammeln und selbst die Küche aufräumen »müssen«? Dann fragen Sie doch den Verursacher Ihres Frustes, wie die Situation gelöst werden kann. Und zwar mit folgender positiver Formulierung: »Was müsste sich ändern, damit du künftig… (deine Schuhe nicht mehr im Gang liegen lässt; dein Spielzeug nicht mehr im ganzen Zimmer verstreust; deine Handtücher im Bad selbst aufhängst)?« Sie werden sich wundern, wie banal manche Hindernisse sind, und wie schnell Dinge, über die Sie bisher stundenlang gestritten haben, auf einmal funktionieren.

»Meine Frau braucht nicht zu arbeiten…«

Die Gründe für eine ablehnende Haltung zu hinterfragen kann Ihnen auch helfen, Ihre Lebensziele zu verwirklichen. Beispielsweise wenn Sie wieder arbeiten wollen, aber denken, Ihr Partner unterstütze Sie dabei nicht. Unterhalten Sie sich in entspannter Atmosphäre über seine Erfahrungen als Kind mit seiner (berufstätigen) Mutter, seine generellen Ansichten über berufstätige Mütter und versuchen Sie, seine Erfahrungen, Ängste und Wünsche zu hinterfragen. Am besten mit den W-Fragen: Wer, wie, was, wo, warum.

Nutzen verdeutlichen

Sie können sehr schnell Menschen für eine Sache gewinnen, wenn Sie den Nutzen für den anderen oder für die ganze Familie deutlich machen. Formulieren Sie dabei positiv:

»Wenn Du alle Bücher ins Regal geräumt hast, dann findest Du Dein Lieblingsbuch künftig schneller und wir haben abends mehr Zeit, um Gute-Nacht-Geschichten zu lesen.«

»Wenn ich regelmäßig Sport mache, bin ich weniger krank und habe dadurch mehr Zeit für den Haushalt und die Kinder.«

Malen Sie in Worten ruhig ein buntes Bild, wie positiv sich das gemeinsame Leben aufgrund dieser oder jener Tätigkeit verändert wird. Sie haben das für sich in Kapitel 1 (→ S. 15) bereits gemacht. Je plakativer Sie es schildern, desto attraktiver wird das Ziel auch für die anderen.

Verbündete schaffen

Wenn Sie allerdings schon wissen, dass Ihr Partner oder andere Menschen Ihrem Ansinnen nicht aufgeschlossen gegenüberstehen, dann kann es von Vorteil sein, wenn Sie nicht gleich mit der Tür ins Haus fallen. Hier sind Fingerspitzengefühl und eine Spur Raffinesse gefragt. Schaffen Sie sich Verbündete. Machen Sie das ganz bewusst und offen, indem Sie Ihre Mitmenschen bitten, Sie bei Ihrem Vorhaben zu unterstützen. Weisen Sie beispielsweise Ihre Schwiegermutter darauf hin, wie gut ihrem Sohn einmal zwei Wochen Erholung an der See täten und warten Sie ab, was passiert. Bringen Sie Ihren Partner auf Ihre Seite, wenn die Großeltern davon überzeugt werden sollen, dass beide Eltern arbeiten gehen, Sie ein Abendstudium machen oder einmal alleine in den Urlaub fahren wollen. Suchen Sie sich Mitstreiter, die einen positiven Einfluss auf den Menschen haben, den Sie überzeugen wollen. Dann sind Sie in Ihrer Position gestärkt und erreichen eher, was Sie wollen.

Motivierte Mitarbeiter und Chefs durch Lobkultur

Der Psychologe und Entdecker des »Flow-Gefühls«, Mihaly Csikszentmihalyi, hat zwölf Stufen ermittelt, die zu mehr Zufriedenheit am Arbeitsplatz führen. Eine davon heißt: »Man vermittelt mir, meine Arbeit ist wichtig und gut!« Das Gleiche gilt für Arbeit und Mitarbeit im Haushalt und familiären Alltag. Frust entsteht hier häufig, weil die gleichen Tätigkeiten immer und immer wieder zu erledigen sind, aber der Einsatz nur selten gelobt wird. Schaffen Sie in Ihrer Familie deshalb eine Lobkultur, und steigern Sie so die Zufriedenheit am Arbeitsplatz »Familie«.

Gewöhnen Sie sich an, Ihrer Familie Ihre Leistung zu zeigen und das Resultat miteinander zu feiern. Wer immer in ein blitzblankes Haus kommt, kann nicht wissen, welche Arbeit es war, diesen Zustand herzustellen. Erzählen Sie es deshalb oder führen Sie Ihr Tagwerk vor. Wenn Sie die Küchenschränke gestöbert und ausgeputzt haben, dann machen Sie vor dem Abendessen mit allen eine Küchenführung und nehmen Sie Lob und Applaus entgegen. Bei großen Erfolgen (Keller entrümpelt) spendieren Sie eine Flasche Sekt oder einen guten Wein, und stoßen Sie mit allen auf das Ergebnis an.

Führen Sie diese Lobkultur für *alle* Leis-

TIPP

→ In der Regel fragen die Familienmitglieder »Was gibt es heute zu essen?«, so als ob eine gesichtslose Instanz das Essen herbeizaubert. In der Regel antworten die Köche beispielsweise: »Es gibt Nudeln in Gorgonzola-Soße.« Rücken Sie Ihre Arbeit in den Mittelpunkt, indem Sie einfach antworten: »Ich habe Nudeln mit Gorgonzola-Soße gekocht.« Sie werden über die Wirkung erstaunt sein.

tungen in Ihrer Familie ein. Wenn Ihr Sohn Feuerholz gehackt hat, schauen Sie sich das Ergebnis an, und sagen Sie ihm, wie gut er das gemacht hat. Wenn Ihre Tochter die Küche aufgeräumt hat, gehen Sie durch und loben Sie sie (und beißen Sie sich lieber auf die Zunge, bevor Sie sagen, das Ceranfeld sei noch schmutzig).

Loben Sie, und Sie werden gelobt.

Wenn Ihr Partner das Auto gewaschen hat, sagen Sie ihm, wie toll Sie den neuen Glanz finden. Sie mögen entgegnen: »Aber das ist doch keine Leistung, wenn ich putze, das ist doch mein Job. Und es ist doch die Aufgabe von allen, im Haushalt mitzuhelfen. Was soll ich da groß loben?« Natürlich ist es Ihr Job als Haushaltsführende, alles in Ordnung zu halten und die Aufgabe von allen, mitzuhelfen. Trotzdem können Sie doch Lob entgegennehmen und verteilen, wenn jemand etwas gut gemacht hat. Denn dann macht es (noch mehr) Spaß, auch künftig diese Aufgaben zu erledigen. In unserer heutigen Gesellschaft ist Leistung leider eine solche Selbstverständlichkeit geworden, dass wir viel zu selten ein positives Feedback bekommen. Wir bekommen einen Rüffel, wenn etwas schief läuft. Aber wenn es gut läuft, dann ist es nicht der Rede wert. Das gilt leider auch für schulische und andere Leistungen der Kinder und die Arbeit in den Büros. Ändern Sie das in Ihrem Unternehmen, und schaffen Sie so Raum für mehr Spaß, gegenseitiges Verständnis und Selbstbewusstsein in Ihrer Familie.

Belohnungssysteme für Kinder

Mit Belohnungen können Sie das positive Verhalten Ihrer Kinder stärken. Ein Zweijähriger freut sich schon darüber, dass er ohne Hilfe die Tasse zum Tisch getragen oder eine Lampe angeknipst hat. Lobende Worte und ein Küsschen der Eltern verstärken die Freude. Umgehen Sie bei älteren Kindern die weit verbreitete Falle, Hilfe mit Geld zu belohnen, und fördern Sie deren Hilfsbereitschaft lieber mit einem Punktesystem. Listen Sie dafür alle im Einsatzplan (→ S. 69) verteilten Arbeiten auf, und bestimmen Sie gemeinsam, wie viel Punkte jede Aufgabe wert ist. Pro gut erledigter Aufgabe (bestimmen Sie auch »Kontrolleure«, das müssen nicht Sie sein) bekommt das Kind einen Punkt auf sein Sammelblatt und bei einer bestimmten Anzahl gibt es eine Belohnung. Das Kind darf sich etwas aussuchen, am besten eine Aktivität, die die ganze Familie mit einbezieht (z. B. ein Nachmittag im Freibad, ein Ausflug in den Märchen-Wald), nach dem Motto: Gemeinsam arbeiten – gemeinsam feiern.

Familie allein zu Haus

Sie können noch so viel über die Belastung durch die Hausarbeit, die durchwachten Nächte, die quengeligen Kinder am Nachmittag erzählen – das kann nur jemand nachvollziehen, der es am eigenen Leib erfahren hat. Steigern Sie die Wertschätzung für Ihre Arbeit in nur zwei Tagen um das Tausendfache: Fahren Sie übers Wochenende weg. Verzichten Sie darauf vorzukochen (in Absprache mit dem Partner), ihm hundert Post-its mit Anweisungen aufzukleben, und lassen Sie ihm völlig freie Hand, wie er das Wochenende mit den Kindern gestaltet. Es geht nicht darum, ihn »reinrasseln« zu lassen. Es geht darum, dass wir uns besser merken und verstehen, was wir selbst getan haben.

» Sage mir etwas und ich werde es vergessen.
Zeige mir etwas und ich werde mich erinnern.
Beteilige mich an etwas und ich werde verstehen. «

[Konfuzius]

Natürlich wird er nicht die Routine haben, die Sie in den letzten Jahren entwickelt haben und an diesem Wochenende kochen, bügeln und putzen. Das muss er auch nicht. Er soll sich ein schönes Wochenende mit den Kids machen, und er wird es schaffen, dass sie etwas zu essen bekommen, gesund bleiben und abends ins Bett gehen. Und wenn er den Pizza-Service anruft, zu McDonalds oder zur Oma geht. Hauptsache Sie *alle* hatten an diesem Wochenende Ihren Spaß. Wenn Sie öfter alleine wegfahren, bekommt der Partner Routine darin, Kinder und Haushalt so zu »versorgen«, dass zumindest am Sonntagabend die Wohnung kein Schlachtfeld mehr ist. Setzen Sie Ihre Erwartungen nicht zu hoch, aber in jedem Fall wird er nach so einem Wochenende Ihren täglichen Einsatz besser zu schätzen wissen.

Wertschätzung hören, sehen, fühlen

Oftmals werden wir gelobt – und merken es gar nicht. Weil jeder Mensch einen anderen bevorzugten Wahrnehmungskanal hat, also Informationen auf unterschiedlichen Wegen empfängt. So nimmt der visuelle Typ vorwiegend mit den Augen wahr, der auditive Typ hauptsächlich mit den Ohren und der kinästhetische Typ fühlt, riecht oder schmeckt überwiegend. Je nach ihrem Typ brauchen Menschen also Botschaften in »ihrer Sprache«, um sie zu verstehen. Wenn Sie das erkannt haben, dann werden Sie besser miteinander reden und können sich auch besser loben. Ein visueller Typ möchte ein Lob »sehen« (Punktesystem, Geschenk), ein auditiver es hören (»Das hast du toll gemacht.«) und ein kinästhetischer möchte es fühlen (Umarmung), riechen (Blumen) oder schmecken (Sekt). Finden Sie heraus, zu welchem Wahrnehmungstyp Sie und Ihre Familienmitglieder gehören, und loben Sie dann jeden in »seiner Sprache«. Der folgende Test, den in ähnlicher Form die Woman´s Business Akademie in der Coaching-Ausbildung einsetzt, macht es Ihnen leicht.

Welcher Wahrnehmungstyp sind Sie?

Kopieren Sie die Vorlage der folgenden Seite für jedes Familienmitglied oder drucken Sie sie unter www.Erfolg-Reich-Frei.de kostenlos aus.

Verteilen Sie die Testvorlage an jedes Familienmitglied, und geben Sie jedem einen Stift. Lesen Sie die unten folgenden Begriffe vor, oder lassen Sie die Textvorlage von jemandem vorlesen, der nicht mitmacht. Ihre Mitspieler und Sie kreuzen dann an, welche Reaktion Sie jeweils bei den Begriffen haben. Sehen Sie etwas? Hören Sie etwas? Spüren, riechen oder schmecken Sie etwas? Es gibt kein »richtig« oder »falsch«, es gibt nur Ihre Wahrnehmung. Wenn Sie mehr als eine Wahrnehmung haben, dann markieren Sie die stärkste und die zweitstärkste.

Bitte folgende Begriffe laut und langsam vorlesen (lassen). Nach jedem Begriff bekommen die Mitspieler Zeit, um ihre Wahrnehmung in der Vorlage auf S. 105 anzukreuzen:

1. Kerze
2. Sonne
3. Pferd
4. Strand
5. Lederhose
6. Buch
7. Schule
8. Zimtplätzchen
9. Theater
10. Neujahr
11. Zellophanpapier
12. Telefon
13. Autobahn
14. Beethoven
15. Tauben
16. Rose
17. Holz hacken
18. Sonntag

Addieren Sie die Anzahl der Kreuze je Spalte. Je nachdem, wo Sie die meisten Kreuze haben, liegt Ihr bevorzugter Wahrnehmungskanal. Natürlich nutzen Sie die anderen auch, aber vielleicht nicht so stark und nicht so gerne. Achten Sie künftig in Gesprächen und Aktionen darauf, dass Sie Ihre Mitmenschen in deren Wahrnehmungskanal ansprechen. Dann fühlen sich die anderen im wahrsten Sinne des Wortes auch angesprochen.

SELBSTTEST

	Meine Wahrnehmung				
Begriff	Visuell 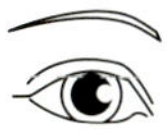 Ich sehe	Auditiv 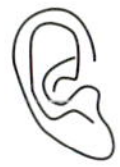 Ich höre	gustatorisch 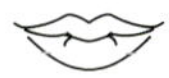 Ich schmecke	kinästhetisch  Ich spüre	olfaktorisch  Ich rieche
1.					
2.					
3.					
4.					
5.					
6.					
7.					
8.					
9.					
10.					
11.					
12.					
13.					
14.					
15.					
16.					
17.					
18.					
Summe					

4 Troubleshooting – Die Betriebsfeuerwehr im Einsatz

→ Sie haben sich ein perfektes Zeitmanagement aufgebaut und alles wäre super – wären da nur nicht die kleinen unvorhersehbaren Tücken des Alltags und Herausforderungen jenseits der Routine. Lassen Sie sich inspirieren von simplen Lösungen für den ganz normalen Wahnsinn. Von »Aufschieberitis« bis »Weihnachten«.

Strategische Lösungen für alle Fälle

Aufschieberitis

In vielen Fällen wissen wir ganz genau, was *wichtig* ist. Aber wir tun alles andere in diesem Moment und über Wochen hinweg lieber, als das Wichtige in Angriff zu nehmen. Je länger wir uns vor der Tätigkeit drücken, desto mehr hassen wir uns und desto abschreckender erscheint uns diese Aufgabe. Dabei hat die Aufschieberitis selten mit einem tatsächlichen Zeitmangel zu tun. Entscheiden Sie sich deshalb dazu, lieber *aktiv* zu sein und Dinge bewusst zu verschieben, als sie aufzuschieben. Werfen Sie ruhig Ihre Tages- und Wochenpläne über den Haufen – aber nur, wenn wirklich *wichtige* Dinge dazwischenkommen. Erkennen Sie, welcher Bremser Ihren Arbeitsgeist behindert – das ist bereits der erste Schritt in die richtige Richtung. Gute Tipps dazu bieten von Münchhausen und Stollreiter (→ S. 126).

Besuch, überraschender

Wenn Sie von Besuch »überfallen werden«, fühlen Sie sich als guter Gastgeber wahrscheinlich verpflichtet, Ihren Besuch zu bewirten. Gut, wenn Sie für solche Fälle immer etwas zum Knabbern im Haus haben und mit zwei Päckchen Spaghetti und zwei Dosen Tomaten ein Essen für acht Leute zaubern können. Falls nicht – kein Problem. Uta, 62, lebt nach dem Motto: »Wenn vier Leute satt werden, werden es auch acht. Ich strecke einfach das Familienessen: mehr Wasser in die Suppe,

Brot dazu – fertig.« Wenn jemand unangemeldet aufkreuzt, muss er damit rechnen, dass die Familie nicht auf Besuch eingestellt ist. Manche Spontan-Besucher bringen deshalb selbst kurzerhand Kuchen oder Essen mit. Und die anderen haben sicherlich nichts dagegen, wenn Sie den Pizza-Service anrufen. Falls doch – suchen Sie sich weniger egoistische Freunde mit mehr Gefühl für andere Menschen.

Haushalts-Malheurs

Der Pudding ist eine schwarze Masse am Topfboden, auf dem hellen Wohnzimmerteppich ist ein Füller ausgelaufen und das lustige Plastik-Spielzeug aus dem Überraschungsei klebt am heißen Toaster? Keine Panik. Suchen Sie zeitsparende Lösungen in Büchern wie »Die Haushaltsperle« von Linda Cobb, »Mr. Proper, Das Putzbuch« von Ute Frangenberg oder in Internetforen wie www.hausfrauenseite.de und www.simplify.de.

Krankheit

Im Krankheitsfall rollt Ihre Betriebsfeuerwehr mit Blaulicht an. Das kann sie aber nur, wenn Sie die Truppe schon *vor* dem Notfall zusammengestellt haben. Jeder Mensch weiß, dass man selbst, die Kinder oder die Kinderfrau krank werden kann oder Kindergärten von einem Tag auf den anderen kurzfristig geschlossen werden, weil eine ansteckende Krankheit kursiert. Seien Sie also nicht blauäugig oder zu lethargisch, sondern stellen Sie rechtzeitig die Weichen, und kümmern Sie sich um Einsatzkräfte.

→ Legen Sie mit Ihrem Partner fest, inwiefern er oder Sie prinzipiell zu Hause bleiben können, wenn Sie oder die Kinder krank sind. Achten Sie darauf, dass nicht nur einer immer als »Feuerwehr« im Job zurücksteckt. Sie tragen die Verantwortung für Ihre Familie *gemeinsam*.

- Sprechen Sie mit Freunden, Nachbarn oder Verwandten ab, wer im Notfall bereit ist, sich um die Kinder zu kümmern. Legen Sie das *konkret* fest. Verlassen Sie sich nicht auf unverbindliche Zusagen (»Wenn mal was ist, melde dich …«), sondern besprechen Sie präzise, an welchen Tagen die jeweiligen Personen in der Regel Zeit haben, Kindermädchen zu spielen. So müssen Sie im Fall des Falles nicht stundenlang organisieren.
- Geben Sie Ihre Kinder auch im Alltag mal zu den »Feuerwehr-Leuten«, oder lassen Sie Ihre Nothelfer öfter ins Haus kommen. Je besser sich Kinder und Betreuer kennen, desto reibungsloser klappt die Obhut im Ernstfall.
- Rufen Sie so früh wie möglich Ihre Helfer an. Wenn Ihr Kind z. B. abends schon fiebert, Sie aber noch unsicher sind, wie es sich über die Nacht entwickelt, fragen Sie vorab (also an dem Abend) schon mal eine Freundin oder die Schwiegermutter, ob sie am kommenden Tag einspringen könnte.
- Bereiten Sie für Helfer, die Ihre Kinder nicht so regelmäßig sehen oder sich in Ihrem Haushalt nicht so gut auskennen, eine »Checkliste für die Betriebsfeuerwehr« vor, die Sie z. B. neben dem Telefon aufbewahren. Notieren Sie darauf:
  - Telefonnummern, unter denen Sie und Ihr Partner (oder andere Familienmitglieder in der Nähe) immer erreichbar sind
  - Telefonnummern vom Kinderarzt, von der Kinderklinik, und vom Giftnotruf
  - Feste Rituale Ihres Kindes (Essenszeiten, Schlaf-Zeiten, Schlafen nur mit Teddy, Schnuller, im Dunkeln …)
  - Essensgewohnheiten (vormittags Joghurt, nachmittags Obst)
  - Allergien des Kindes
  - Welche Medikamente nimmt Ihr Kind (zur Zeit) ein? Wann, wie viel?
  - Wie lässt sich Ihr Kind am besten trösten?

Nachputzen

Jeder Mensch hat eine andere Vorstellung von Ordnung und Sauberkeit. Selbst – oder gerade – in Familien. Viele Frauen jammern: »Mein Mann braucht zum Aufräumen in der Küche ewig, und anschließend muss ich immer noch nachputzen.« Aber es gibt auch Männer, die »reinlicher« sind als ihre Partnerinnen und die Herdplatten polieren. Und manchmal beißen sich einfach die Interessen der gegensätzlichen Hirndominanzen: Die »Pedanterie« des einen trifft auf das »Chaos« des anderen – und das ist schwer zu ertragen.

Suchen Sie als Eltern den kleinsten gemeinsamen Nenner für eine Grundordnung. Klären Sie, wer welchen Standard an Ordnung und Sauberkeit braucht, und wie das im Einzelnen zu schaffen ist. Nur weil *ein* Sauberkeits-Fetischist in der Familie ist, müssen nicht alle gleichermaßen perfekt putzen.

Beenden Sie die ständigen Diskussionen, indem

- Sie ein Ordnungssystem mit Schränken, Haken etc. schaffen, mit dem sich alle wohl fühlen (→ Jedes Ding an seinem Platz, S. 88).
- jeder im Haus »seine Ecke« hat, in deren Chaos andere sich nicht zurechtfinden müssen. Für die anderen Bereiche legen Sie fest, welcher Maßstab gelten soll.
- Sie Ihre Vorstellungen von einer sauberen Küche (Bad etc.) *präzise* (in der Ich-Form und unter Berücksichtigung der VW-Regel) formulieren, und z. B. in einer Checkliste festhalten.
- der »Reinlichste« an den Tagen, an denen die anderen mit Aufräumen und Putzen dran sind, ein Auge zudrückt. Morgen darf er wieder alles blitzeblank machen!
- Sie verabreden, dass die einen eine gesunde Grundordnung schaffen und der »Reinlichste« das i-Tüpfelchen macht. Wenn Sie das so besprechen, dann hat das nichts mehr mit Hinterherräumen zu tun, sondern der Ordnungsfreak frönt seinem »Hobby«.

Schlafmangel

Wer müde ist, kann sein Pensum nicht schaffen. Und besonders Eltern von kleinen Kindern müssen mehrmals nachts aufstehen, und dennoch tagsüber leistungsfähig sein.

- Versuchen Sie zunächst, Ihr Kind zu einem guten Schläfer zu erziehen. Viele Eltern haben mit Experten-Tipps ihre monatelangen Kämpfe in wenigen Nächten beendet – in vielen Fällen, weil sie die selbst verschuldeten Ursachen erkannt und vermieden haben.
- Erhöhen Sie Ihre Schlafzeit, indem Sie früher ins Bett gehen. Machen Sie mit Ihrem Partner aus, dass z. B. bis 24 Uhr er »Dienst« hat, danach Sie. Das kann Ihnen (mit Oropax) schon mal drei bis vier Stunden ungestörten Schlaf schenken. Machen Sie einmal in der Woche auf diese Weise einen Langschlaftag.
- Wer während der Woche früh aufsteht, aber am Wochenende lange schläft, der erzeugt in seinem Körper ein Jetlag ohne zu verreisen. Halten Sie Ihre *Aufwachzeit* möglichst konstant, mit Variationen von höchstens einer Stunde.
- Homöopathische Mittel wie z. B. Cocculus D 12 (3-mal alle zehn Minuten 5 Globuli) können Ihnen helfen, wenn Sie ausgelaugt von häufig unterbrochenem Schlaf sind. Fragen Sie einen Heilpraktiker oder helfen Sie sich selbst (→ Service S. 126).
- Tanken Sie tagsüber auf. Wenn Ihr Kind schläft, legen Sie zehn Minuten lang die Beine hoch – das erfrischt ungemein.

Sport

Mit Kindern und all den Alltagspflichten ist keine Zeit für regelmäßige Sportstunden. Und abends sind Sie einfach zu müde, um sich auf den Hometrainer zu schwingen. Schluss mit dem schlechten Gewissen, hier kommen die Sporttipps für Vielbeschäftigte:

1 **PUTZMUNTER MIT DEM PUTZTANZ:** Legen Sie sich eine fetzige Musik auf, und bauen Sie beim Staubsaugen und Aufräumen Tanzbewegungen ein. Für noch mehr Kraft und Kondition binden Sie sich Gewichtsmanschetten an die Beine.

2 **STEPPEN STATT LIFTEN:** Gehen Sie so oft wie möglich Treppen statt den Lift oder die Rolltreppe zu benutzen. Das dauert nur ein paar Minuten länger und bringt Ihren Kreislauf super in Schwung.

3 **LANGSTRECKE:** Wählen Sie – wenn Sie zu Fuß unterwegs und nicht gerade in besonderer Eile sind – einen etwas längeren Weg zum Müllhäuschen, Kindergarten oder Supermarkt. Das verschafft Ihnen Bewegung, und Sie sehen öfter mal etwas Neues.

4 **KAFFEEKLATSCH BEIM GEHEN:** Fragen Sie Besucher, ob Sie statt Kaffeeklatsch nicht lieber mit den Kindern einen Spaziergang machen können. Das tut Ihnen gut, und die Kinder haben ihren Spaß.

TIPP

So erhalten Sie sich langfristig Ihre Leistungsfähigkeit

- Achten Sie auf eine ausgewogene Ernährung.
- Trinken Sie zwei bis drei Liter am Tag (am besten Wasser oder Tee).
- Tun Sie regelmäßig etwas für Ihre Muskeln und Ihre Kondition.
- Schlafen Sie ausreichend.
- Sorgen Sie für positive Momente am Tag.
- Sagen Sie dem Stress »nein«.
- Denken Sie positiv.
- Lachen Sie jeden Tag.
- Planen Sie Auszeiten in Ihren Tag ein.

5 **LAUFEND TELEFONIEREN:** Gehen Sie beim Telefonieren hin und her, dehnen und strecken Sie sich dabei. Zusatznutzen: Im Stehen klingt Ihre Stimme klarer und bestimmter – in der Regel kommen Anrufer so schneller zur Sache.

Trödeln

Eltern nennen es trödeln, Wissenschaftler nennen es »unterschiedliche Vorstellung von Pünktlichkeit und Tempo«. Es ist erwiesen, dass Kinder etwa bis zum Schulalter keine klare Vorstellung von Zeit haben. Sie können Ereignisse nicht in ihrem zeitlichen Verlauf erzählen – »gestern«, »heute« oder »letzten Monat« verschwimmen ineinander. Sie wissen nicht, dass Dinge parallel passieren, und sie machen sich keine Gedanken über Reihenfolge und Dauer von Aktivitäten. Aus diesem Grund ist die Aufforderung »Beeil dich, zieh deine Schuhe an, der Bus ist gleich da.« für Kinder vollkommen unverständlich.

So entzerren Sie Termindruck mit Kindern:

- Erzählen Sie Ihrem Kind frühzeitig (einige Stunden eher), was heute noch alles geplant ist und was Sie alles tun, *bevor* es eng werden könnte. So kann es sich darauf einrichten und wird nicht überrumpelt.
- Kündigen Sie Aktivitäten rechtzeitig an (»Noch 10 Minuten spielen, dann ziehen wir uns an und fahren zum Turnen.«).
- Setzen Sie klare Endzeiten für bestimmte Tätigkeiten (»Wir essen jetzt 30 Minuten lang, dann räumen wir ab.«). Bleiben Sie konsequent.
- Spornen Sie es zu einem Wettlauf an (»Wer ist eher angezogen – du oder ich?«).
- Beginnen Sie mit dem Fertigmachen früher als bisher.
- Planen Sie Pufferzeiten für Unvorhergesehenes (volle Windel) ein.
- Wenn Sie fertig sind, gehen Sie auch. Es ist kontraproduktiv, erst zur Eile anzutreiben, und dann angezogen im Haus Zeit »totzuschlagen«.
- Gehen Sie mit gutem Beispiel voran.

Alle Jahre wieder

Familienfeste

Taufe, Geburtstag, Kommunion oder Konfirmation – in jeder Familie gibt es Feste, die im größeren Kreise gefeiert werden. Wie und mit wem Sie feiern, dafür gibt es Gott sei Dank keine Vorschrift. Lassen Sie sich nicht einreden, dass »man das so macht«, sondern entscheiden *Sie* wie das Fest sein soll – und das ist keine Frage des Geldbeutels. Wer knapp bei Kasse ist, kann trotzdem ins Gasthaus bitten.

Klären Sie einfach vorab, welche Getränke oder Speisen Sie übernehmen und was die Gäste selbst bezahlen. Es geht darum, gemeinsame Zeit zu verbringen und Spaß zu haben und nicht darum, dass Sie Ihre Bekannten und Verwandten »aushalten«. Oder Sie feiern zu Hause eine »Bottle-Party«, zu der jeder etwas mitbringt oder zumindest Ihre besten Freunde nach Absprache für alle etwas vorbereiten. Dann haben Sie auch kaum Zeitaufwand. Werden Sie kreativ und trauen Sie sich, es anders zu machen, als alle anderen – mit Sicherheit bekommen Sie viel positives Feedback. Anregungen finden Sie in entsprechenden Büchern oder Zeitschriften.

Frühjahrsputz

Kommen Sie schneller mit Wischmopp und Wedel durch die eigenen vier Wände mit folgenden sieben Tipps:

1. Besorgen Sie sich eine hochwertige »Ausrüstung«. Gute Putzmittel, funktionierende Geräte und hochwertige Putzlappen etc. garantieren gute Ergebnisse und sparen eine Menge Zeit und Nerven. Vermeiden Sie die Schlechte-Handwerkszeug-Falle (→ Klappentext).

2 Räumen Sie die Putzmittel, Bürsten und Lappen, die Sie am Wirbeltag brauchen, z. B. in eine Klappkiste, und nehmen Sie diese von Raum zu Raum mit. Räumen Sie jedes Teil sofort nach Gebrauch wieder in die Kiste. Dann haben Sie immer alles in Reichweite und müssen nicht lange suchen, wo denn jetzt die Rasierklinge oder der Kratzschwamm liegt.

3 Nehmen Sie einen großen Abfalleimer in jeden Raum mit, in den Sie in hohem Bogen jeglichen Müll versenken können.

4 Wo fang ich bloß an? Wenn Sie noch kein Schema haben, dann fangen Sie links von der Türe an zu putzen und arbeiten Sie sich im Uhrzeigersinn vor. Räumen Sie pro Standplatz alle Flächen (Regale etc.) komplett frei, und reinigen Sie alles von oben nach unten. Der Boden kommt ganz zum Schluss, und Sie wischen sich quasi zur Tür hinaus. Nehmen Sie sich nicht zu viel vor, sondern unterteilen Sie Ihre Putzaktion in Etappen.

5 Telefonieren Sie währenddessen nicht, auch wenn es unterhaltsamer wäre. Sie sind schneller, wenn Sie beide Hände benutzen können. Arbeiten Sie lieber zu zweit oder mit der ganzen Familie. Das bringt mehr Spaß, geht fixer und alle im Haushalt werden sich hüten, schnell wieder Schmutz zu machen.

6 Putzen Sie nur, was wirklich schmutzig ist, und verzetteln Sie sich nicht mit überflüssiger »Feinkosmetik«. Es soll sauber werden und nicht steril.

7 Ist Ihr Tagesziel (ein Stockwerk putzen, ein Zimmer putzen) erreicht, dann belohnen Sie sich. Und zeigen Sie Ihrer Familie, wie schön alles wieder glänzt.

Geschenke

Sammeln Sie in einem Schrankfach mögliche Geschenke für künftige Geburtstagskinder oder Gastgeber. Bei der nächsten Einladung gehen

Sie an Ihre Schatztruhe und holen etwas Geeignetes heraus. Prima aufgehoben sind darin auch Präsente, die Sie selbst geschenkt bekommen haben, aber nicht (mehr) brauchen. Kleben Sie ein Post-it darauf, von wem es war, und schenken Sie es bei nächster Gelegenheit an jemanden weiter, der sich darüber freut.

Kindergeburtstag

Für Kinder ist der eigene Geburtstag sehr wichtig und sollte in irgendeiner Form immer festlicher sein als andere Tage. Beschränken Sie die Zahl der Gäste, und ersparen Sie dem Geburtstagskind Konflikte zwischen den Gästen: Laden Sie Freunde der Kinder und Verwandte zu getrennten Terminen ein. Engagieren Sie aber andere Mütter oder Freundinnen als Helfer – Sie hüten schließlich einen Sack Flöhe!

Viel Spaß und wenig Arbeit machen Feiern, die nicht zu Hause stattfinden. Erkundigen Sie sich, wo Kindergruppen gern gesehen sind und ein Rahmenprogramm möglich ist (z. B. Hallenbad, Museum, Sternwarte, Zoo, Bastelstube, Berghütte). Viele Städte geben Broschüren heraus, in denen spezielle Aktivitäten für Kinder zusammengestellt sind. Da finden Sie Anregungen für jeden Geldbeutel.

Checkliste Kindergeburtstag

- Wo feiern wir?
- Alternative (bei schlechtem Wetter)
- Wen laden wir ein? Anzahl der Gäste?
- Wer kommt? Bitte um »Anmeldung« wegen Planung
- Telefonnummern der Gäste-Eltern (Abholen, Notfall)
- Sonderwünsche der Gäste für Essen o. Ä. (Allergien?)
- Welche nervenstarken Erwachsenen helfen? Während des Festes und eventuell beim anschließenden Aufräumen?
- Sind alle Spiele vorbereitet und alle Hilfsmittel da?

- Sind die Haustiere in Sicherheit? Ist wertvolles Inventar entfernt?
- Sind »Tabu-Räume« (Büro, Medizinschrank) abgesperrt?
- Für auswärtige Feiern: Wie kommen die Kinder hin und wieder heim?
- Evtl. Proviant für den kleinen Hunger zwischendurch?
- Notfall-Apotheke? (Insektensalbe, Pflaster, Rescue-Tropfen)
- Liegen die Telefonnummern für einen Notfall griffbereit? (Eltern der kleinen Gäste, Notarzt, Giftnotruf)

Urlaub

Ein Urlaub mit Kindern ist völlig unproblematisch, wenn Sie sich nicht mit zu viel Gepäck belasten. Reisen Sie »leicht«:

- Legen Sie genau fest, was Sie *wirklich* anziehen wollen. Ersparen Sie sich das Schleppen von Kleidung (und das anschließende Waschen und Bügeln zu Hause), die Sie auf Verdacht mitnehmen.
- Sie brauchen nicht für jeden Tag etwas »Neues«. Sie sind im Urlaub und nicht auf dem Laufsteg.
- Erkundigen Sie sich, wie elegant oder leger es am Zielort zugeht, und packen Sie entsprechend.
- Nehmen Sie nur Kleidung mit, die gut kombinierbar ist, dann können Sie auch mit wenigen Stücken täglich ein anderes Outfit kreieren.
- Packen Sie statt zuviel Ersatzkleidung für sich und die Kinder lieber eine Tube Waschseife ein, oder erkundigen Sie sich, ob es vor Ort eine Waschmaschine gibt.
- Nehmen Sie überwiegend dunkle Kleidung mit, denn die verschmutzt nicht so schnell.
- *Eine* warme Jacke reicht.
- Nehmen Sie nur wenig Spielsachen mit, die Natur bietet Kreatives genug.

TIPP

- Eine Checkliste zum Thema »Urlaub« können Sie im Internet unter www.Erfolg-Reich-Frei.de kostenlos ausdrucken.

Weihnachten

Statt »Stille Nacht« ist bei den meisten Menschen zu Weihnachten Großkampf angesagt. Entweder sie haben das Haus voller Gäste oder sie hetzen von einem Familienevent zum anderen. Klären Sie grundsätzlich mit Ihrem Partner, wie Sie in Ihrer Familie Weihnachten feiern wollen.

Leicht gesagt, denn die meisten Paare haben hier schon sehr unterschiedliche Vorstellungen. Finden Sie einen Kompromiss, der den Wunsch nach »großem Familienfest« oder »beschaulicher Besinnung« berücksichtigt. Das kann auch heißen, dass Sie in einem Jahr Familienhopping betreiben, und im kommenden Jahr mit der Kernfamilie (Eltern und Kinder) alleine zu Hause sind oder wegfahren. Teilen Sie Ihre Pläne frühzeitig (Schwieger-)Eltern und Geschwistern mit, damit diese selbst Pläne schmieden können. Planen Sie für die Feiertage eine gesunde Anzahl von Aktivitäten ein, und genießen Sie ansonsten das Trödeln unterm Weihnachtsbaum. Kochen Sie eventuell vor, denn sonst kommen Sie an den Feiertagen nicht aus der Küche heraus. Sehen Sie Einladungen zum großen Familienessen als Entlastung: Schließlich müssen Sie dann nicht einkaufen, herrichten, kochen, aufräumen. Und wenn es Ihnen ganz ruhig am liebsten ist, dann bitten Sie für dieses Jahr einfach um eine Auszeit.

Entschleunigen Sie die Vorweihnachtszeit. Sagen Sie Weihnachtsfeiern ab, die Ihnen nichts bedeuten. Verzichten Sie auf den Austausch unnützer und teurer Präsente. Auch bei Spontangeschenken von anderen Menschen gilt: Bedanken Sie sich, fühlen Sie sich aber nicht verpflichtet, ein Gegengeschenk zu machen. Nur so lässt sich die drohende Geschenkspirale beenden.

Nutzen Sie den Fundus Ihres Geschenke-Fachs (→ S. 115), oder kaufen Sie Geschenke bereits im Herbst. Noch schöner: Schenken Sie gemeinsame Zeit. Zum Beispiel Karten für ein Konzert oder einen Tag im

Museum mit Mittagessen im dortigen Restaurant, vielleicht auch ein Wellness-Wochenende - all das ist mehr wert als ein Gegenstand, der herumsteht und Sie sparen viel Zeit, denn Sie können dieses Geschenk bequem von zu Hause aus per Telefon oder Internet organisieren.

Verzichten Sie an den vier Adventssonntagen doch einmal auf Fernsehen, zünden Sie eine Kerze an, trinken Sie Tee, singen Sie oder lesen Sie den Kindern Geschichten vor.

Viele Familien ändern an ihrem Weihnachtsritus nichts »wegen der Kinder«. Nehmen Sie das dieses Jahr doch mal ernst, dann sind Sie auf dem Weg zu einem einfachen und stimmungsvollen Weihnachtsfest:

- Schenken Sie nur den Kindern etwas. Die Erwachsenen geben sich gegenseitig nichts, und bekommen auch nichts von den Kindern (außer Selbstgebasteltem, oder wie erklären Sie das sonst mit dem Christkind?).
- Verzichten Sie auf aufwändige Geschenkverpackungen: Selbstbeklebtes oder bedrucktes Pack-Papier, ein kariertes Küchenhandtuch oder ein schönes Badetuch erfüllen auch ihren Zweck als Verpackungsmaterial und sehen witzig aus.
- Kochen Sie das Lieblingsessen der Kinder. Spaghetti oder Würstchen mit Pommes frites sind selten zeitraubend.

Klären Sie die Erwartungen an ein schönes Weihnachtsfest in Ihrer Familie und planen Sie dann so, dass für jeden etwas dabei ist.

TIPP

- Die Angst, sich schuldig zu fühlen ist der Hauptgrund, warum Weihnachten immer nach »Schema F« abläuft. Der (Selbst-)Vorwurf, man habe kein offenes Haus oder die Familie sei einem nicht wichtig, führt dazu, dass wir funktionieren. Bewerten Sie doch einmal Ihre negativen Gefühle auf einer Skala von 1 bis 10. Wenn »sich schuldig fühlen« 6 Punkte erzielt, das »volle Haus« aber schlimmer ist und 9 Punkte bringt – dann sagen Sie freundlich ab.

Strategien, damit Sie am Ball bleiben

Zeit- und Selbstmanagement bietet Ihnen Lösungen, wie Sie Ihr Leben, Ihren Alltag und Ihr Unternehmen »Familie« optimieren. Aber natürlich haben die Kniffe ihre Grenzen. Nicht alles mag in Ihrer Situation sinnvoll sein und Ihrem Wohl und dem Wohl Ihrer Familie dienen. Vertrauen Sie auf Ihren gesunden Menschenverstand, welche Lösungen Ihnen persönlich helfen und in welchem Maße Sie diese in Ihrem Tages- und Wochenablauf realisieren wollen und können. Machen Sie in kleinen Schritten weiter, Ihren Alltag schöner zu gestalten. Nehmen Sie sich pro Tag nicht zu viel vor, sondern gehen Sie in kleinen Schritten in die Zukunft.

Uns schafft das, was wir nicht schaffen. Nicht das, was wir schaffen.

Lassen Sie sich Zeit, Anregungen und eigene Ideen umzusetzen, und verändern Sie Kleinigkeiten nur nach und nach in den verschiedenen Bereichen Ihres Lebens. Und lassen Sie auch Ihren Mitmenschen genügend Zeit, den Sinn und Nutzen einer neuen Situation oder neuer Gewohnheiten zu verstehen. Erkennen Sie, dass hinter der Kritik der anderen oft auch heimliche Bewunderung steht.

Natürlich werden Sie auch in Zukunft manchmal Stress haben, und Ihr Leben wird nicht perfekt durchorganisiert sein. Immer mal wieder werden Ihre Pläne über den Haufen geworfen, Kinder und Kinderbetreuung werden krank, und Sie halsen sich zu viel auf. Aber Ihre Familie ist jetzt kein vom Zufall und Chaos gesteuertes Unternehmen mehr, sondern eine transparente und wohl durchdacht strukturierte Firma, die auf Erfolgskurs steht. So gerüstet, werden Sie als Unternehmenschef und Ihre Mitarbeiter auch stürmische Zeiten besser durchleben und sich von Problemen nicht so schnell unterkriegen lassen. Sie werden mehr auf Ihren eigenen Rhythmus hören und sich mit einem guten Gewissen aus der Hochgeschwindigkeitsgesellschaft ausklinken können.

Machen Sie sich auf den Weg – Ihre persönlichen und familiären Ziele fest im Blick. Und achten Sie auf Möglichkeiten, die sich Ihnen »unterwegs« bieten. Vielleicht erleben Sie so genau das, was Sie glücklich macht, und was Sie nie als Ziel hätten formulieren können. Natürlich können Sie manche Hindernisse, die sich Ihnen stellen, nicht beeinflussen. Aber Sie können Ihre Reaktion darauf beeinflussen, denn in jeder Lebenslage haben Sie drei Möglichkeiten:

1. CHANGE IT: Ändern Sie Lebensumstände oder Alltagssituationen, die Ihnen nicht gefallen. Lösungen dafür kennen Sie ja jetzt.
2. LEAVE IT: Wenn Sie keine Chance sehen, etwas zu verändern, verabschieden Sie sich eindeutig von Umständen, die Sie unglücklich machen. Setzen Sie Prioritäten.
3. LOVE IT: Wenn Sie etwas weder ändern noch lassen können, dann nehmen Sie es 100-prozentig an. Lassen Sie sich wirklich ganz darauf ein. Ändern Sie Ihre innere Einstellung, und bekennen Sie sich zu dem, was ist.

Nehmen Sie Hindernisse und Rückschläge mit Humor. Auch wenn es sich nur um Galgenhumor handelt – Lachen ist das beste Mittel, um brenzlige Situationen zu entschärfen. Und erleben Sie freudige Augenblicke bewusst. Es sind nicht die großen Erfolge, die uns Glück bescheren, sondern die kleinen Momente, die das Leben lebenswert machen. »Wenn die Sonne nicht lacht, dann lächelt eine Blume«, sagt der Poet Thomas Romanus. Und Blumen können Sie sich immer selbst schenken …

Anhang Nr. 1

Kopieren Sie diese Vorlage oder drucken Sie sie kostenlos unter www.Erfolg-Reich-Frei.de aus.

Ihre Tage als Familien-Manager

Datum: ______________

Uhrzeit	Tätigkeit	Störungen/Zeitdiebe	Ich fühle mich ...
0.00–5.00			
6.00			
7.00 7.15 7.30 7.45			
8.00 8.15 8.30 8.45			
9.00 9.15 9.30 9.45			
10.00 10.15 10.30 10.45			
11.00 11.15 11.30 11.45			
12.00 12.15 12.30 12.45			
13.00 13.15 13.30 13.45			
14.00 14.15 14.30 14.45			
15.00 15.15 15.30 15.45			
16.00 16.15 16.30 16.45			
17.00 17.15 17.30 17.45			
18.00 18.15 18.30 18.45			
19.00 19.15 19.30 19.45			
20.00 20.30			
21.00 21.30			
22.00 22.30			
23.00			
24.00			

Anhang Nr. 2

Routine-Arbeiten und Ihr persönlicher Zeitaufwand (ohne Störungen)

________________________________ ________ Minuten

________________________________ ________ Minuten

________________________________ ________ Minuten

________________________________ ________ Minuten

________________________________ ________ Minuten

Anhang Nr. 3

Entlarven Sie Ihre Störungen und Zeitdiebe

Welche Störungen reißen Sie häufig aus Ihrer Arbeit?

→ ________________________

→ ________________________

→ ________________________

→ ________________________

→ ________________________

Welche Zeitdiebe rauben Ihnen wertvolle Minuten oder Stunden?

→ ________________________

→ ________________________

→ ________________________

→ ________________________

→ ________________________

Anhang Nr. 4
Ihr Zeitaufwand für familiäre Pflichten

Tätigkeit	Zeitaufwand	☺	☹	☺☺
Aktivitäten mit den Kindern				
Badezimmer putzen				
Bügeln				
Einkaufen/div. Erledigungen				
Essen/Füttern				
Fußböden saugen/wischen				
Garten/Außenarbeiten				
Hausaufgabenhilfe/-kontrolle				
Hol- und Bringzeiten der Kinder				
Kinder ins Bett bringen				
Kinderpflege				
Kochen inkl. vorbereiten				
Küche aufräumen				
übrige Wohnung aufräumen, Betten machen etc.				
Wäsche waschen etc.				
Organisation Kinderbetreuung				
Pflege von Eltern o. Ä.				
Familienausflug				
Reparaturen				
Beruf				
Wegezeiten Beruf				
Summe der verplanten Zeit:				

Anhang Nr. 5

Ihr Zeitaufwand für freiwillige Verpflichtungen

Tätigkeit	**Zeitaufwand**	☺	☹	☺☺
eigene Körperpflege				
Lesen				
Telefonieren				
Elternarbeit Schule/KiGa				
Ehrenämter				
Zeit mit dem Partner allein				
Zeit mit Freunden				
Weiterbildungskurse				
Sport				
Nachtschlaf				
Tagschlaf				
Summe der verplanten Zeit:				

Bücher, die weiterhelfen

Selbstmanagement

Münchhausen, Marco von: *So zähmen Sie Ihren inneren Schweinehund.* Campus, Frankfurt a. M.

Nussbaum, Cordula/Grubbe, Gerhard: *Die 100 häufigsten Fallen nach der Existenzgründung.* Haufe, München

Seiwert, Lothar/Müller, Horst/Labaek-Noeller, Anette: *Zeitmanagement für Chaoten.* Gabal-Verlag, Offenbach

Seiwert, Lothar: *Das neue 1x1 des Zeitmanagement,* Gräfe und Unzer Verlag, München

Stollreiter, Marc: *Aufschiebe-ritis dauerhaft kurieren.* mvg-Verlag, Landsberg/München

Kinder

Kast-Zahn, Annette/Morgenroth, Hartmut: *Jedes Kind kann schlafen lernen.* Oberstebrink Verlag, Ratingen

Kast-Zahn, Annette: *Jedes Kind kann Regeln lernen.* Oberstebrink Verlag, Ratingen

Kunze, Petra/Salamander, Catharina: *Kinder fördern im Alltag.* Gräfe und Unzer Verlag, München

Kind & Beruf

Borcherding, Marit/Rock, Sabine: *Gut aufgehoben. So finden Sie die passende Betreuung für Ihr Kind.* Eichborn, Frankfurt a. M.

Erholung/Gesundheit

Strunz, Ulrich: *forever young. Das Erfolgsprogramm.* Gräfe und Unzer Verlag, München

Stumpf, Werner: *Homöopathie.* Gräfe und Unzer Verlag, München

Trökes, Anna: *Das große Yoga Buch.* Gräfe und Unzer Verlag, München

Haushalt

Cobb, Linda: *Die Haushaltsperle.* Mosaik/Goldmann, München

Frangenberg, Ute: *Mr. Proper, Das Putzbuch.* Ullstein, München

Kingston, Karen: *Feng Shui gegen das Gerümpel des Alltags.* Rowohlt, Reinbek/Hamburg

Alltag

Rogge, Julia: *Den Alltag in den Griff bekommen.* dtv, München

Verbraucherzentrale NRW (Hrsg): *Zeitmanagement im Alltag,* Düsseldorf

Kommunikation

Gray, John: *Männer sind anders. Frauen auch.* Goldmann, München

Ehrhardt, Ute: *Gute Mädchen kommen in den Himmel, böse überall hin; Und jeden Tag ein bisschen böser* (Doppelband). Fischer Taschenbuch Verlag, Frankfurt a. M.

Englische Bücher

McGee-Cooper, Ann: *Time Management for Unmanageable People.* Bantam Books, New York

Peel, Kathy: *The family Manager´s Everyday Survival Guide.* Ballantine Books, New York

McCullough, Bonnie Runyan: *Bonnie´s Household Organizer.* St. Martin´s Press, New York

Internetadressen, die weiterhelfen

www.flylady.net
Amerikanische Website mit Tipps zum Ausmisten und Putzen. Mit täglichem E-Mail-Service.

www.erfolg-reich-frei.de
Website der Autorin mit Downloads, Analysen und weiterführenden Informationen

www.zeit-zu-leben.de
Online-Ratgeber für persönlichen Erfolg, Zufriedenheit und Lebensqualität

Register

Impressum

Programmleitung
Steffen Haselbach
Leitende Redaktion
Anita Zellner
Redaktion
Nina Weber
Lektorat
Dunja Götz-Ehlert

Umschlag und Gestaltung
independent Medien-Design, München
Titelfoto
Kurt Paulus
Styling
Evelyn Baumgartl
Kleidung
Firma Pollozek, Pfarrkirchen
Illustrationen
Sonja Heller, www.heller-blau.de
MindMaps
Birgit Dauenhauer
Herstellung
Bettina Häfele
Satz
Uhl + Massopust, Aalen

Repro
Longo, Bozen
Druck und Bindung
Kaufmann, Lahr

Umwelthinweis
Dieses Buch wurde auf chlorfrei gebleichtem Papier gedruckt. Um Rohstoffe zu sparen, haben wir auf Folienverpackung verzichtet.

ISBN (10)
3-7742-6676-X
ISBN (13)
978-3-7742-6676-6

3. Auflage 2006

Wichtige Hinweise

Die Beiträge in diesem Buch sind sorgfältig recherchiert und entsprechen dem aktuellen Stand. Abweichungen, beispielsweise durch seit Drucklegung geänderte Preise, Gebühren, Anlageentwicklungen, WWW-Adressen, etc., sind nicht auszuschließen. Weder Autorin noch Verlag können für eventuelle Nachteile oder Schäden, die aus den im Buch gegebenen praktischen Hinweisen resultieren, eine Haftung übernehmen.

GRÄFE UND UNZER

Ein Unternehmen der
GANSKE VERLAGSGRUPPE

Das Original mit Garantie

Ihre Meinung ist uns wichtig.

Deshalb möchten wir Ihre Kritik, gerne aber auch Ihr Lob erfahren. Um als führender Ratgeberverlag für Sie noch besser zu werden. Darum: Schreiben Sie uns! Wir freuen uns auf Ihre Post und wünschen Ihnen viel Spaß mit Ihrem GU-Ratgeber.

Unsere Garantie: Sollte ein GU-Ratgeber einmal einen Fehler enthalten, schicken Sie uns das Buch mit einem kleinen Hinweis und der Quittung innerhalb von sechs Monaten nach dem Kauf zurück. Wir tauschen Ihnen den GU-Ratgeber gegen einen anderen zum gleichen oder zu einem ähnlichen Thema um.

GRÄFE UND UNZER VERLAG
Redaktion Leben & Lernen
Postfach 86 03 25
81630 München
Fax: 089/41981-113
E-Mail: leserservice@graefe-und-unzer.de